Rédaction : Eve Mercier et Jean Barraud,
assistés de J. Bonhomme et N. Chassériau.
Iconographie : A.-M. Moyse, assistée de N. Orlando.
Mise en pages : E. Riffe, d'après une maquette de H. Serres-Cousiné.
Correction : L. Petithory, B. Dauphin, P. Aristide.

beautés du monde

LES HOMMES ET LEURS DIEUX

l'art chrétien

(de la Renaissance à nos jours)

splendeurs de la Renaissance
foisonnement du baroque

Librairie Larousse

17, rue du Montparnasse, 75006 Paris.

Notre couverture :
Espagne : détail du retable en noyer sculpté de la Capilla Mayor, dans la cathédrale de Santo Domingo de la Calzada, près de Burgos.

Phot. Marmounier-C. E. D. R. I.

splendeurs de la Renaissance

« La belle peinture est pieuse en elle-même, car l'âme s'élève par l'effort qu'il lui faut fournir pour atteindre la perfection et se confondre avec Dieu. La belle peinture participe de cette perfection divine, elle est une ombre du pinceau de Dieu. C'est une musique, une mélodie : seules les très hautes intelligences parviennent à la pénétrer. » Ces mots sont de la plume même de Michel-Ange. Qui serait alors tenté de nous faire accroire que l'art religieux n'est pas compatible avec l'esprit de la Renaissance ? Pourtant, depuis Michelet, on oppose traditionnellement celle-ci au Moyen Âge. Elle serait une réaction contre la morale théologique et autoritaire de l'« âge des ténèbres », l'éclosion, en quelque sorte, d'un individualisme libre critique, voire paganisant, un élargissement de la pensée humaine par la découverte de l'homme et du monde...

En réalité, ce n'est là que thèse ancienne. Il est faux de dire que le Moyen Âge a été une période d'obscurantisme, de même qu'il est illusoire de considérer la Renaissance comme une panacée. Si, pour certains, l'esprit de la Renaissance est l'antithèse de la pensée chrétienne, c'est sans doute parce qu'ils n'envisagent pas d'autre alternative à la religion que le positivisme et, finalement, l'athéisme.

Platon et Jésus :
une même sagesse

La Renaissance est, comme son nom l'indique, une nouvelle vie, un retour aux sources, non pas, comme le pensait Michelet, aux

sources païennes en réaction contre des contraintes médiévales, mais à celles des valeurs formelles et spirituelles de l'Antiquité. Lesquelles exactement ? Pour répondre correctement à cette question, il importe de définir les valeurs spirituelles de l'Antiquité et de les retrouver à travers les incohérences de l'histoire.

La notion même de paganisme est récente. Elle est chrétienne. L'Antiquité n'était pas païenne, elle était fortement religieuse, et même irriguée par un courant spirituel qui va de l'Égypte aux Pères de l'Église, en passant par Platon et Jésus-Christ. Derrière les formes visibles immédiates des différents cultes antiques, le fond véritable de la religion reste le même ; on le retrouve dans le livre des Morts des Égyptiens, le *Phédon* de Platon, l'enseignement du Christ et les écrits des Pères de l'Église avant le fameux concile de Nicée. Cela n'a

▲

En décorant l'une des chambres du Vatican avec l'École d'Athènes (où Platon, en robe rouge, apparaît sous les traits de Léonard de Vinci), Raphaël a montré que l'humanisme de la Renaissance, tout imprégné de philosophie grecque, n'était nullement incompatible avec le christianisme.
Phot. Scala

d'ailleurs rien de surprenant, puisque ce courant occidental n'était, en fin de compte, qu'une branche secondaire du grand courant spirituel qui prend son origine en Asie. Dès lors, on peut rendre aux cultures occidentales leur véritable place, et en comprendre le sens exact comme les contradictions apparentes, inévitables lorsque les conceptions précises sont altérées.

C'est grâce à la découverte des manuscrits de Platon, découverte aussi importante pour l'époque que celle des Amériques, que ce courant spirituel profond rejaillit à la Renaissance. Il n'est pas étonnant de voir alors avec quelle passion les grands hommes de l'époque et les papes eux-mêmes ont réalisé la synthèse des concepts du Christ et de ceux d'un antique passé qui, pour eux, était encore tout proche. Ainsi l'art religieux de la Renaissance, loin d'être un art de trahison envers la spiritualité chrétienne, est bien, au contraire, un art religieux authentique, qui restaure et réhabilite le règne de l'esprit.

Les papes
et les monstres sacrés

Quoi qu'aient pu en dire certains historiens d'art, qui lui attribuent des origines plus lointaines, la Renaissance est née en Italie au XVe siècle, que les Italiens nomment *quattrocento*. C'est l'époque où, en France, dans les Flandres, en Europe centrale, l'art gothique, devenu «flamboyant», explose dans une exubérance de décoration qui va bientôt confiner au délire. Sous l'aile protectrice des princes et des papes, l'humanisme de la Renaissance et son nouvel idéal artistique se sont alors cristallisés, et ils ont atteint leur plein développement au XVIe siècle. Cette évolution ne s'est pas faite au hasard de quelques groupes, mais a été directement déterminée par de grands humanistes, à la fois penseurs, savants et artistes, animés par l'amour de la raison et du divin.

Parmi ceux-ci se détachent principalement Alberti (1404-1472), grand théoricien, célèbre par ses traités encyclopédiques dans tous les domaines du savoir, qui fut le premier à définir une doctrine intégralement humaniste dont dérivent toutes les idées postérieures, Léonard de Vinci (1452-1519), artiste d'exception et homme de science universel, Michel-Ange (1475-1564), artiste dont le génie est marqué par la grandeur et l'originalité, et Raphaël (1483-1520), peintre humaniste par excellence.

Mais il faudrait aussi parler de l'apport de Brunelleschi (1377-1446), l'architecte de l'immense coupole de la cathédrale de Florence, qui ne doit plus rien au gothique, mais tout à Rome et à Byzance, de Massacio (1401-1429), dont les fresques de l'église del Carmine, aux modelés si pleins et si nus, auront une grande influence sur les peintres de son temps, et de Donatello (1386-1466), sculpteur formé à l'étude de l'Antique, dont le *David* de bronze est plein de jeunesse et de vie. Il faudrait encore rappeler Ghiberti (1378-1455) et ses «portes du

Mosaïques de marbre, sculptures et médaillons ornent la façade de la chapelle Colleoni, qu'Amadeo édifia à Bergame dans le dernier tiers du quattrocento *(XVe s.).*
Phot. Scala

▲
D'abord orfèvre, puis sculpteur, Brunelleschi, séduit
par la pureté et la sobriété des monuments antiques,
se fit architecte pour rénover l'art de construire.
(Chapelle des Pazzi, Florence.)
Phot. Scala

Paradis » du baptistère de Florence, Jacopo della Quercia (1367-1438) et son puissant bas-relief d'*Adam et Ève chassés du Paradis*, à l'église San Petronio de Bologne, Luca della Robia (1400-1482) et ses merveilleuses rondes d'enfants de la cathédrale de Florence, Verrochio (1435-1488), dont le *David* de bronze renouvelle le sujet et qui fut le maître de Léonard de Vinci, Ghirlandajo (1449-1494), maître de Michel-Ange pour la fresque, qui dota la chapelle Sixtine de personnages directement observés, Botticelli (1444-1510), dont le *Sacrifice du lépreux* décore aussi la Sixtine, et bien d'autres encore…

Tous ces artistes fort savants ont participé à la réalisation du nouvel idéal artistique, posant jalon après jalon, réussite après réussite. Ce qu'il faut en retenir, c'est que chacun d'eux a élaboré sa propre conception du Beau et cherché à exprimer son propre feu sacré. De commun avec les autres, chacun n'avait que la direction générale humaniste : une confiance dans les méthodes de la raison, appliquées au service de l'âme, de la beauté et de Dieu. Aussi, est-il particulièrement difficile, sinon impossible, d'établir un lien entre tous ces divins maîtres. Avec de telles personnalités, les

artistes sont devenus, en quelque sorte, des « monstres sacrés », répondant bien, en cela, au caractère des princes et des papes qui furent leurs bienfaiteurs et dont il faut saluer, au passage, l'extraordinaire sens esthétique et la remarquable culture humaniste.

Un instant unique

S'il fallait rendre sensible la notion d'imagination créatrice dans sa plus pure expression, il suffirait de faire appel à cet instant unique de la création artistique qu'est *la Cène*, dont Léonard de Vinci orna le réfectoire du couvent de Santa Maria delle Grazie, à Milan. En effet, pure invention de ce génie, cette œuvre ne

◄

C'est peut-être dans ses œuvres inachevées, comme la Pietà de Palestrina, où l'on croit voir le marbre se faire chair, que la puissance de Michel-Ange s'exprime de la façon la plus saisissante. (Galerie de l'Académie, Florence.)

saurait être rattachée à aucun atelier, aucune école. On n'y décèle aucune filiation historique, aucun rappel de l'Antique. Que Léonard ait été l'élève de Verrochio ne change rien à l'affaire : il y a un abîme entre *l'Annonciation* (1472), peinte alors qu'il était encore assistant, ou son ange agenouillé (1473) du *Baptême du Christ*, et *la Cène* (1495-1498).

L'Annonciation reste dominée par un certain fixisme venu de la tradition, aussi bien dans les grandes lignes du cadre où elle est située que dans les attitudes des personnages, et ce malgré le traitement fort prometteur de l'ange et du parterre de fleurs. Même chose chez l'ange agenouillé du *Baptême du Christ*. Dans les deux cas, la composition reste traditionnelle, l'espace perspectif est un élément mineur participant à l'expression de l'ensemble, et les personnages demeurent figés, en dépit d'un modelé déjà fort habile et personnel. En 1472, Léonard venait à peine d'être admis comme membre de la guilde de Saint-Luc : il avait vingt ans ! Voilà ce qu'il avait appris.

Dans *la Cène*, en revanche, on est surpris par l'innovation remarquable d'une œuvre de maturité : Léonard est alors âgé de quarante ans ; l'élève a largement dépassé le maître, créant un art complètement nouveau. Si nouveau qu'il ne se produira jamais plus. *La Cène* impressionne mystérieusement par le caractère grandiose de la composition. L'espace perspectif y est utilisé comme moyen dramatique. Centré sur la tête du Christ, il se creuse rapidement par le rythme des tentures pourpres, s'évade vers l'infini des lointains bleutés des collines, à travers les ouvertures de la salle, et rejette en avant, en un puissant contraste, la grande horizontale de la table qui barre et arrête la composition. Inversement, le Christ ouvre généreusement et calmement les bras vers la table, vers le spectateur, et apparaît ainsi immuable, comme le centre de l'Univers. Cette image divine et si majestueuse, pleine d'une splendide mais triste sérénité, tranche fortement sur l'agitation des Apôtres, dont les attitudes traduisent bien l'incompréhension et, pour la plupart, l'ignorance. L'exactitude psychologique de chacun d'eux est remarquable ; on peut y reconnaître l'amour, le trouble, l'indignation, la douleur, tout comme la haine et la bassesse de Juda. Les études de tête (1495) pour le Christ, saint Jacques le Majeur, saint Barthélemy et saint Philippe restituent l'expression de chaque personnage dans toute sa fraîcheur.

▲

Bien que durement éprouvée par les outrages du temps, la Cène *dont Léonard de Vinci orna le réfectoire de l'ancien couvent des dominicains de Milan demeure l'un des chefs-d'œuvre de la peinture universelle.*
Phot. Scala

a lui-même fixé le programme de la « chambre de la Signature », dont le nom vient du tribunal de la Signature qui siégeait là. Cette *stanza* est décorée par *l'École d'Athènes*, surmontée de la Philosophie, à laquelle répond *le Triomphe de l'Eucharistie*, avec la Théologie et les Vertus. *Le Parnasse*, couronné par la Poésie, termine le programme.

Cette chambre — la seule qui soit tout entière de la main de Raphaël — est la plus importante des quatre par la signification de son décor. *L'École d'Athènes* est justement célèbre : dans le cadre somptueux de vastes voûtes romaines, magnifiquement caissonnées et soutenues par de grands pilastres encadrant des niches garnies de statues à la pose antique, Platon et Aristote s'avancent majestueusement et devisent en haut des marches, au milieu de disciples et de philosophes connus. Une impression rayonnante se dégage de l'ensemble, comme une illumination donnée par la Connaissance. Celle-ci est due à la composition perspective, rayonnant depuis le fond qui irradie l'avant-scène, horizontale et calme. Il est savoureux de savoir que Platon a probablement les traits de Léonard de Vinci, et que le doigt qu'il pointe vers le ciel désigne le monde des Idées. En revanche, Aristote, désignant le sol d'un geste plein d'autorité, exprime l'éthique. On peut y reconnaître encore Bramante sous les traits d'Euclide, Michel-Ange sous ceux d'Héraclite, accoudé au premier plan à un gros cube de pierre, et puis Raphaël lui-même. Ainsi l'artiste a-t-il parfaitement illustré la sagesse antique, en intégrant les grandes figures de son époque.

À *l'École d'Athènes* répond *le Triomphe de l'Eucharistie*, où le Saint Sacrement est le point de jonction entre le cercle terrestre des théologiens et des croyants, et le contre-cercle céleste du Christ, de la Vierge et des élus.

Quant au *Parnasse*, il est hymne à la poésie, et l'on pourrait y retrouver encore de nombreuses célébrités de l'époque. Un tel programme illustre bien l'harmonie désormais admise et proclamée entre Platon et le Christ.

La Création du monde

C'est aussi Jules II qui, en 1508, demanda à Michel-Ange de repeindre la voûte de la chapelle Sixtine. Au départ, une bien méchante voûte, sans aucun intérêt, plutôt médiocre avec ses lunettes (évidements latéraux), sur laquelle Jules II voulait simplement douze apôtres. Michel-Ange eut tôt fait d'imposer ses idées et obtint carte blanche du souverain pontife, chose exceptionnelle dans les commandes de l'époque. L'entreprise dura quatre ans et ne fut terminée que le 31 octobre 1512. Découverte à la Toussaint, la voûte fut admirée par tout le peuple de Rome après sa Sainteté et la Cour : *la Création du monde* se déroulait en une immense fresque de 36 mètres de long, sous les yeux stupéfaits de la foule !

Une impression de puissance gigantesque se dégage de la voûte tout entière comme un chant

Le triomphe de l'humanisme chrétien

Comme pour répondre à l'avance à tous ceux qui tenteraient d'opposer l'humanisme à l'enseignement de la religion chrétienne, Platon et Aristote au Christ et à la Bible, c'est dans ses nouveaux appartements du Vatican, composés de quatre *stanze* (« chambres »), que le pape Jules II fait exécuter par Raphaël des fresques grandioses, où triomphe l'accord entre la philosophie antique et la spiritualité chrétienne. Ce

geste a d'autant plus de signification que Jules II fait aménager les nouvelles *stanze* pour bien se démarquer des Borgia : l'Église est désormais conduite par un chef éclairé et non par un individu honni, exécré, aux mœurs abominables. Le chemin est à nouveau clairement tracé : l'accord avec la philosophie antique ne signifie pas que l'on approuve la licence légendaire de l'ancienne Rome, mais constitue une sorte de rappel de l'universalité du Christ et présente Platon et Aristote comme ses précurseurs.

Jules II ne s'est pas contenté de laisser faire Raphaël, bien que celui-ci ait été en contact avec les cercles néoplatoniciens de Florence. Il

▲

Ghiberti dota le baptistère de Florence de portes en bronze doré, dont l'une (celle de l'est) fut jugée si belle que Michel-Ange la baptisa « porte du Paradis ». (Panneau de gauche, premier compartiment, Création d'Adam et Ève.)
Phot. Scala

▶

Michel-Ange ne put achever le somptueux mausolée que le pape Jules II lui avait commandé : seules les statues du bas — Moïse, flanqué de Léa et de Rachel — sont de sa main, et le pape fut inhumé ailleurs. (Église Saint-Pierre-aux-Liens, Rome.)
Phot. Scala

originel. Le souffle divin n'y apparaît pas sous la forme de l'Ineffable, comme dans *la Cène* de Léonard, ou sous l'apparence somptueuse et mondaine de la poésie philosophique de *l'École d'Athènes*. Ici, ce qui frappe est le déchaînement des forces de l'univers. La foule y assiste : les forces sont libérées, la création est en route, le temps inexorable s'égrène en séquences bibliques dans le chuchotement des sibylles et les avertissements des prophètes, préparant la venue du Sauveur de cette humanité déchue. Seuls témoins immortels de ce drame cosmique, les *ignudi* («nus»), tels des archanges de chair, observent. Ils sont la jeunesse du monde.

Pour maintenir une telle force, Michel-Ange a d'abord solidement ceinturé la voûte par une architecture d'arcs puissants : au nombre de dix, ces arcs encadrent neuf vides alternativement grands et petits et s'appuient sur un large entablement de part et d'autre de la voûte. Ils se prolongent par des pilastres jusqu'aux triangles des lunettes. Le cadre général, délimité par l'entablement, accuse encore la tension entre les parties basses et le vide laissé entre les arcs, comme un ciel largement ouvert qui donne à la voûte un aspect dynamique débouchant sur le cosmos.

À partir du premier vide du ciel, au-dessus de la tête de Jonas, Dieu sépare la lumière des ténèbres, puis crée le Soleil et la Lune, ainsi que les herbes et les plantes. Il regarde alors les eaux et ordonne la création d'animaux. Dans le quatrième vide, l'homme est créé. Ce moment est resté l'un des plus célèbres de la Sixtine. Dans le cinquième vide, Dieu crée la femme avec la côte d'Adam. Vient ensuite la scène du péché originel, où Adam et Ève sont chassés du paradis. Le déluge et l'ivresse de Noé terminent la séquence. Sous la grande corniche sont assises les douze figures des prophètes et des sibylles ; dans les lunettes se déroule toute la généalogie du Christ. Aux coins de la chapelle, dans les grands triangles, on remarque Aman crucifié, l'histoire du Serpent de bronze, Judith et Holopherne, et David terrassant Goliath. Encadrant chaque grande scène, les *ignudi*, puissants et jeunes, jouent à quelque divin jeu de médaillons.

S'il n'est pas possible d'analyser ici l'originalité de chaque scène, de chaque personnage ni de chaque détail, il faut néanmoins souligner l'innovation constante qui se manifeste dans toutes les parties de l'œuvre. Aucun emprunt au passé. Tout est neuf, depuis les thèmes, les attitudes et la facture des corps jusqu'au moindre ruban. À l'invention des tableaux correspond le traitement magnifique de ces nus imaginaires, dont la plastique sculpturale toujours renouvelée définit, comme autant de facettes, la beauté idéale qui fascinait Michel-Ange. Jamais il ne s'en est autant rapproché.

Bramante et Michel-Ange à Saint-Pierre de Rome

C'est encore à Jules II, terrible figure de l'histoire vaticane, que l'on doit la décision incroyable de reconstruire Saint-Pierre. Ce ne fut pas chose aisée, mais un vrai bourbier dès le départ : plans d'ensemble et modifications partielles se sont succédé depuis le projet de Bramante, en 1506, avec Peruzzi, en 1515-1520, et Antonio da Sangallo le Jeune, en 1538. C'est seulement à partir de la fin de 1546, immédiatement après la mort de ce dernier, que Michel-Ange commença à s'occuper de la reconstruction de la basilique. Nommé architecte en chef des ateliers de Saint-Pierre dès l'année suivante, il s'y consacra jusqu'à sa mort.

Reconnaissant les mérites du projet original de Bramante, qui avait établi les fondations de la nouvelle basilique, Michel-Ange en accentua l'unité grandiose jusqu'aux limites du possible. Il le simplifia à l'extrême en subordonnant tous les espaces latéraux au vide central, dominé par la coupole, créant ainsi une tension dramatique intense. L'entrée seulement se distingue par un portique.

Malgré les aléas d'une entreprise aussi colossale, le monument obéit aux grandes lignes fixées par Michel-Ange, et de nombreux détails font ressortir la vision grandiose du maître, exception faite de la nef antérieure et de la façade d'entrée actuelle, qui sont des contresens architecturaux et des œuvres postérieures très médiocres. La marque de Michel-Ange demeure principalement dans la gigantesque coupole. Tendue à éclater, celle-ci contraste avec le mur extérieur de l'ensemble des absides, couronné par un attique qui accuse encore l'opposition et la rupture dramatique. La basilique se dresse vers le ciel et met un point d'orgue à la prodigieuse carrière de Michel-Ange, aussi bien qu'à la Renaissance italienne dont l'artiste fut le dernier témoin.

◄

Artiste universel, Michel-Ange coiffa la basilique Saint-Pierre de Rome d'une coupole dont les dimensions grandioses sont à la mesure de son génie architectural.
Phot. Errath-Explorer

▲ *Saint-Pierre de Rome : vue intérieure de la coupole de Michel-Ange, percée de 16 grandes fenêtres et couronnée d'un lanternon qui plafonne à 119 m de hauteur. (Les mosaïques de la voûte sont du XVIIᵉ s.)*
Phot. Pictor-Aarons

▶ *Renouant avec la tradition antique, les artistes de la Renaissance n'hésitèrent pas à représenter les corps entièrement nus, même dans les monuments religieux. (Michel-Ange, Adam et Ève chassés du Paradis, voûte de la chapelle Sixtine, Rome.)*
Phot. Scala

Bautista fit exécuter l'implantation et les fondations, et dirigea les travaux jusqu'à sa mort en 1567, date à laquelle toute la façade sud était terminée ainsi que la cour des Évangélistes. Il fut alors remplacé par un Italien, Giambattista Castello, dit « le Bergamasque », qui mourut deux ans plus tard et dont le successeur, Juan de Herrera, termina les travaux en 1584, aidé par le moine Antonio de Villecastin et un Italien, Jacopo da Trezzo.

On a faussement dépeint Philippe II comme un souverain épris d'ascétisme et particulièrement austère, sévère et dur. En réalité, artiste lui-même, il était aussi l'ami des artistes et l'un des meilleurs connaisseurs des arts de son temps. Il avait appris le dessin et était peintre à ses heures. De plus, il était capable de dresser des plans d'architecture ou de les corriger à l'occasion, ce qu'il ne manqua pas de faire. C'est donc en véritable professionnel que Philippe II surveilla le chantier de l'Escorial jusqu'en 1584. Ses interventions furent nombreuses, tant sur les plans et devis que sur les dessins de détail.

Un cantique de pierre

Remarquons tout d'abord que le programme de Philippe II pour l'Escorial renouait par sa définition même avec les grandes compositions de l'Empire romain, qui seules étaient capables

▲
Juan Bautista de Tolède, auquel le roi d'Espagne Philippe II confia la construction du palais-monastère de l'Escorial, avait appris l'architecture à Rome en étant l'élève de Michel-Ange.
Phot. Dupont-Explorer

Si les grands créateurs de la Renaissance italienne ont réussi une merveilleuse synthèse de la philosophie antique et de la religion dans un nouvel art sacré, en fut-il de même dans la péninsule Ibérique ?

L'Espagne mystique

L'Espagne est un pays de grande foi. L'humanisme chrétien y a été compris comme une réforme mystique, brillamment menée par Philippe II à l'Escorial. Allant droit à l'essentiel, en grand humaniste illuminé par la certitude de la connaissance et de la foi, ce roi instaura la nouvelle esthétique espagnole dans les arts majeurs : architecture, peinture et sculpture.

Hanté par le souvenir du grand empereur défunt, son père, qui s'était retiré vers la fin de sa vie au monastère de Yuste après avoir abdiqué en sa faveur, Philippe II décida de se consacrer à la vie monastique. Mais, contrairement à Charles Quint, il préféra fonder son propre couvent, à San Lorenzo del Escorial, en y joignant un palais. En fait, il avait en tête un programme complexe, tout axé sur le mausolée paternel, abrité par une grande église accompagnée d'un monastère et d'un palais pour la Cour.

Pour réaliser un programme aussi ambitieux, le roi fit appel en 1563 à un Espagnol, Juan Bautista de Tolède, élève de Michel-Ange à Rome et qui avait recueilli les meilleures connaissances architecturales de l'époque à travers l'enseignement du maître. Architecte en chef,

▲
Luis de Morales, dit « el Divino », a su combiner l'intense ferveur espagnole avec la plastique de la Renaissance italienne. (Pietà, Académie des beaux-arts, Madrid.)
Phot. Giraudon

▶
Le maître-autel de l'église de l'Escorial, dans la Capilla mayor, est surmonté d'un énorme retable dont les rangées de colonnes et les statues évoquent le fond de scène d'un théâtre antique.
Phot. Guillou-Atlas-Photo

d'articuler harmonieusement des éléments très différents. Cependant, si la composition générale du plan doit beaucoup au savoir antique, merveilleusement assimilé et renouvelé ici par Juan Bautista, la composition spatiale et plastique est caractéristique de la conception de Michel-Ange ; avec une intransigeance tout espagnole, sans aucune concession décorative, l'esthétique altière du monument repose sur l'harmonie dépouillée et rigoureuse des espaces et des masses sculptées. Ici, le platonisme renaissant atteint une plénitude et une pureté jamais égalées, véritable cantique de pierre à la mesure des grandes âmes de ce temps.

La masse horizontale et majestueuse de granite gris-bleu de l'Escorial s'étire au pied de l'aride sierra de Guadarrama, comme un fauve dans le désert. Aux aguets, les tours à clochetons montent la garde aux quatre angles de l'immense édifice, où se dresse comme une tête casquée la grande coupole de l'église. Toute la composition est axée et dominée par celle-ci :

véritable lien entre les empereurs défunts et les monarques vivants, entre le Ciel et la Terre, elle prépare ces derniers à la Vie éternelle et les abritera après leur mort pour que les successeurs se souviennent. Ainsi, l'Escorial est-il principalement un tombeau : sur l'axe principal, depuis l'entrée, se succèdent la cour des Rois et l'église-nécropole. Mais le souverain doit gouverner et mériter l'au-delà ; aussi, de part et d'autre s'étendent le monastère, avec son cloître, son jardin, et le collège. Le palais proprement dit comprend une très riche bibliothèque et les appartements royaux où Philippe rendit son âme à Dieu.

Des statues d'éternité

C'est encore avec l'art mortuaire que Philippe II engagea la sculpture espagnole dans la nouvelle voie. Poursuivant toujours ses songes,

l'empereur mit face à face le mausolée du père et celui du fils, de part et d'autre de l'autel, sous la grande coupole. Il fit appel à deux sculpteurs italiens, les frères Leoni, qui surent interpréter avec une étonnante maîtrise les idées et les sentiments de leur royal client : pour le mausolée de Charles Quint, par exemple, dont la grande architecture est particulièrement noble et sévère, le sentiment dramatique est créé par l'opposition entre le plan frontal de la façade et des colonnes et le plan oblique du groupe impérial. Outre ce procédé d'ensemble, typiquement renaissant et dénotant à lui seul une géniale idée, les statues en bronze doré du groupe se démarquent des manières antérieures par le calme imposant et la sérénité hautaine, rendus grâce aux attitudes des personnages et au modelé des visages.

Cependant, si la statuaire des Leoni marque un sommet de la Renaissance espagnole, il faut néanmoins rappeler l'admirable *Saint Sébastien* du sculpteur Alonso Berruguete (1482-1561),

▲
Un groupe de bronze doré de Leone Leoni, représentant l'empereur Charles Quint accompagné de sa femme, de sa fille et de ses sœurs, occupe l'un des oratoires de la Capilla mayor, dans l'église du monastère de l'Escorial.
Phot. Marmounier-C. E. D. R. I.

qui, lui aussi, fut un brillant élève de Michel-Ange, dont il révéla très tôt la manière aux Espagnols, les œuvres sévilliennes de J.-B. Vasquez et même celles de Juan de Ancheta, excellent imitateur du maître florentin.

Des peintres indomptés

Sans doute est-il plus aisé de diriger les sculpteurs et les architectes que les peintres, car Philippe II n'eut pas autant de bonheur avec ces derniers. Pour décorer l'Escorial, il fit venir de nombreux artistes italiens comme Cambiaso, Zuccaro, Tibaldi, Romulo et Cincinato, mais aucun d'eux ne sut interpréter la sensibilité ibérique : ils restèrent « secs », comme on dit dans le métier, et ne laissèrent aucune trace dans la peinture espagnole. D'ailleurs, n'est-il pas significatif que Philippe II n'ait réussi à attirer aucun grand peintre de son temps malgré ses offres à Véronèse ?

Tout naturellement, c'est un groupe d'artistes du pays, parmi lesquels Cespedes, Becera et Fernandez Navarette, qui assimilèrent plus ou moins bien les leçons romaines. En réalité l'éventail de la peinture espagnole en cette seconde moitié du XVIe siècle est des plus déroutant. Il est certes possible de trouver une continuité renaissante dans la peinture de Valence, depuis la *Cène* de Juan de Juanes jusqu'à la fin du XVIe siècle. Mais il y a aussi l'influence du maniérisme d'un Parmesan dans tout l'œuvre de Luis de Morales, appelé « el Divino », sans parler du réalisme flamand de Pedro di Campaña. En fait, aucun des peintres espagnols de ce mouvement renaissant n'est véritablement convaincant, ni peut-être convaincu du nouvel idéal. Paradoxalement, ce ne fut ni un Italien ni un Espagnol qui sut traduire les nobles accents de l'âme ibérique renaissante : ce fut un Grec, Dhomínikos Theotokópoulos, surnommé « le Greco ».

Le Greco se fixa à Tolède en 1576, à l'âge de trente-six ans, après avoir travaillé à Venise et à Rome. À la fois philosophe, peintre, sculpteur et architecte, il écrivait volontiers sur chacune de ces matières. Les grandes toiles du couvent de San Domingo el Antiguo de Tolède marquent le début de sa carrière, avec notamment la *Résurrection du Christ* (1577-1579). D'emblée, le Greco y a réalisé la synthèse tant attendue de l'idéal de la Renaissance et du sentiment espagnol : la beauté parfaite du corps du Christ en majesté sereine contraste heureusement avec l'agitation « à l'espagnole » des soldats aux savants raccourcis. Quelque vingt-cinq ans plus tard, traitant le même sujet, il nous montre tout le chemin parcouru : les personnages sont maintenant pris dans le mouvement ascendant du Christ, qui émerge toujours rayonnant, presque immatériel, mais dont, cette fois, la beauté rejaillit sur tous les corps. La synthèse est achevée. Malheureusement, Philippe II ne comprit pas la peinture du Greco, et *le Songe* que celui-ci peignit pour l'Escorial vers 1579 n'eut pas de lendemain.

▶

Le plus grand peintre de la Renaissance ibérique ne fut pas un Espagnol, ni même un Italien, mais un Grec installé à Tolède, Dhomínikos Theotókopoulos, dit « le Greco ». (La Résurrection, musée du Prado, Madrid.) Phot. Giraudon

Une France plus religieuse qu'on ne croit

En France, l'art religieux de style Renaissance semble se réduire à bien peu de chose, s'il faut en croire certains auteurs. Quelques-uns prétendent même qu'il n'a pas existé, et ils y voient la preuve d'un prétendu « paganisme ». C'est aller un peu vite en besogne et confondre deux choses bien différentes : l'art architectural et les idées philosophiques et religieuses.

D'une part, la tradition gothique reste très puissante au XVIᵉ siècle, et elle inspire encore de grandes œuvres religieuses (transept de Beauvais, Saint-Maclou à Rouen, Saint-Gervais à Paris). Cela prouve au contraire que la vie religieuse est toujours vivante et que l'art gothique est encore considéré comme une expression et une technique satisfaisantes, et non que la France est devenue « païenne ».

D'autre part, ce n'est pas parce que la Renaissance française a trouvé son champ d'épanouissement dans l'architecture civile — châteaux, hôtels particuliers — que l'on ne construit plus

d'églises. Il n'y a, en fait, qu'un décalage entre la philosophie religieuse de la Renaissance et une tradition gothique de l'art sacré qui donne encore toute satisfaction.

Il faut d'ailleurs remarquer que la France possédait déjà toutes les églises dont elle avait

besoin à cette époque. Par contre, il n'en était pas de même de l'habitation des seigneurs et des princes.

Enfin, il faut souligner qu'il existe d'innombrables exemples de l'art religieux de la Renaissance française. On peut citer deux grandes

▲
Paris : les piliers à pilastres et les arcs en plein cintre de Saint-Eustache introduisent une décoration Renaissance dans une église qui reste de conception gothique.
Phot. Berne-Fotogram

splendeurs de la Renaissance

églises entièrement bâties suivant les nouveaux concepts : Saint-Eustache de Paris et Saint-Michel de Dijon. La tradition gothique est si tenace que l'ossature principale reste gothique, mais le traitement général de l'édifice est bien dans le style Renaissance, et il témoigne de l'assimilation des idées nouvelles tant au plan religieux qu'à celui de l'art. Cette évolution de l'art sacré montre bien qu'il y eut seulement un problème de tradition artistique, et non pas un refus des idées religieuses.

L'ambiance de Saint-Eustache

L'église Saint-Eustache est sans doute la plus brillante réalisation de l'art religieux de la Renaissance française. Située dans le très célèbre quartier des Halles, elle fut édifiée entre 1532 et 1637. Certes, la structure reste gothique : voûtes savantes à nervures ramifiées, équilibrées par des arcs-boutants... Cependant, on ne doit pas en conclure que la composition en est véritablement gothique et que « le décor et l'ornement seuls ont changé », comme dirait Choisy. Bien au contraire, l'architecte n'a utilisé le gothique qu'en tant que système constructif, en exploitant — avec beaucoup de science et de talent il est vrai — toutes ses ressources et en les modifiant.

Si l'édifice suit le plan traditionnel des cathédrales — en dehors de la chapelle circulaire du chevet —, sa composition architecturale proprement dite n'en est pas moins fort originale.

Les grands piliers de la nef, du transept, du chœur et des collatéraux sont traités comme des sculptures gigantesques, dont la complexité déroute l'imagination ; c'est un savant assemblage de nervures, de colonnes et de colonnettes, d'interruptions voulues, de chapiteaux, de pilastres, formant un tout extrêmement riche, qui fait penser à de magnifiques stalactites cristallines. Ces piles soutiennent les voûtes nervurées, fort riches également. Celles-ci ne sont pas brisées, mais en plein cintre, ce qui ramène le regard vers le bas, à l'inverse de l'effet recherché par l'art gothique. Il ne s'agit pas de s'élancer vers le ciel, mais d'illuminer son regard des clartés divines.

La hauteur des collatéraux avoisine celle de la nef, contrairement à ce qui se passe dans les cathédrales gothiques. Le résultat est un foisonnement de piliers et beaucoup de lumière pour les mettre en valeur.

Les verrières sont immenses, claires, et la lumière entre à flots, sans l'interruption traditionnelle du triforium. Violente, crue, elle modèle les sculptures, contrairement à l'éclairage intimiste et mystérieux des cathédrales de Chartres et de Paris, par exemple. L'intérieur de Saint-Eustache fait penser à un temple fabuleux, à l'incomparable éclat, qui laisse le fidèle ébloui devant le spectacle des richesses divines, tandis que, à l'extérieur, les piles des contreforts sont ornées de pilastres antiques et de chapiteaux ioniques qui n'ont plus rien de gothique.

◄

Ville-carrefour entre la Méditerranée et le nord de l'Europe, Dijon a toujours été ouverte aux influences venues d'Italie, et la façade de l'église Saint-Michel prouve qu'elle fut sensible à l'art religieux de la Renaissance.
Phot. Delaborde-Explorer

▲

Séduit par la Renaissance italienne et plus encore par l'Antiquité, l'architecte français Philibert Delorme connut la gloire par sa conception de l'« Antiquité rénovée ». (Chapelle du château d'Anet.)
Phot. J. Bottin

Composite
Saint-Étienne-du-Mont

Si l'intérêt de Saint-Eustache réside principalement dans son architecture intérieure, joyau de la Renaissance française, ses façades plutôt gothiques étant banales et son portail occidental classique franchement médiocre, Saint-Étienne-du-Mont ne retient au contraire l'attention que par la splendeur de sa façade occidentale Renaissance, merveilleusement travaillée et sculptée dans un style bien français.

Construite et réédifiée au coup par coup depuis les temps gothiques, cette église reste en effet très inégale et comme brisée, sans unité véritable malgré un charme indéniable : ses derniers rajouts datent de François Ier et ne furent terminés que sous Louis XIII.

L'intérieur, très hétérogène, fait penser, il faut bien l'avouer, à un beau bric-à-brac, malgré tous les efforts déployés pour harmoniser le chœur gothique avec la nef Renaissance, au moyen du célèbre jubé de fine dentelle. Les artifices de composition Renaissance de la nef — déjà signalés à Saint-Eustache, mais réduits ici à l'essentiel : piles rondes et nues, arcs en plein cintre, hauts collatéraux très éclairés — ne parviennent pas à s'accorder avec le gothique savoureux du chœur, et le jubé ne fait pas oublier cette dissonance, malgré l'enroulement, autour des piles immuables, d'escaliers et de

splendeurs de la Renaissance

18

▲
Commencée au XIIIe siècle et achevée au XVIe, la cathédrale Saint-Gatien de Tours allie divers styles architecturaux : si sa façade appartient au gothique flamboyant, le couronnement des tours est typiquement Renaissance.
Phot. Hinous-Top

balcons qui invitent à cheminer vers de mystérieuses reliques.

Le portail occidental, en revanche, est une magnifique réussite et constitue l'un des plus séduisants fleurons de l'architecture religieuse française. Mettant bien en valeur le volume de la nef et du comble, de grands frontons se détachent du plan général de la façade et se superposent verticalement, par retraits successifs, jusqu'au couronnement profilé par la pente raide de la toiture. Ici le passage de l'antique au gothique est pleinement satisfaisant et s'inscrit en contrepoint par rapport au clocher, coiffé d'un lanternon d'esprit également Renaissance. L'ensemble constitue une véritable sculpture, qui encadre puissamment les statues des niches et des frontons.

Une multitude d'églises,
de sculptures et de verrières

Sans atteindre la magnificence intérieure de Saint-Eustache ou le caractère monumental du portail de Saint-Étienne-du-Mont, l'art religieux de la Renaissance ne s'en est pas moins manifesté en Île-de-France et en diverses régions. Il faut signaler surtout l'ingénieuse variante de la voûte sur nervures de Notre-Dame-des-Marais, à La Ferté-Bernard, que l'on retrouve à Champigny et à Tillières : une ossature nervée soutient un plafond en dalle par l'intermédiaire de tympans à claire-voie. Cette invention met bien en valeur les modifications de structures tentées par les architectes de la Renaissance, et elle montre que ceux-ci ne se sont pas contentés de plaquer, avec plus ou moins de bonheur, un décor composé des trois ordres antiques sur des structures gothiques, comme on le prétend parfois.

Signalons encore, parmi les belles œuvres de la Renaissance, les chapelles de Saint-Pierre de Caen, les collatéraux de Saint-Pantaléon de Troyes, la façade de l'église de Saint-Florentin,

les clochers de celle de Nogent-sur-Seine, sans oublier, bien sûr, ceux de Saint-Gatien de Tours : les tours carrées de la façade ouest sont surmontées d'un étage octogonal, couronné d'un dôme et d'un lanternon qui rappellent étonnamment certains croquis de Léonard de Vinci pour le château des Sforza à Milan.

Et comment oublier l'architecture Renaissance modelant avec tant de finesse et de distinction la « tour romane » de la cathédrale d'Évreux, par un jeu subtil d'avancées et de reculs, d'ombre et de lumière, les façades de l'église Sainte-Marie d'Auch, qui, malgré une lourdeur certaine, ne sont pas sans intérêt, et surtout la si délicate gypserie supportée par des colonnes antiques du baptistère de la cathédrale Saint-Sauveur, à Aix-en-Provence.

Mais l'art religieux de la Renaissance française ne se limite pas à l'architecture. Il pénètre dans le domaine de tous les arts que l'architecture intègre. Aussi faut-il citer :

— les précieuses clôtures de pierre des chapelles latérales de la cathédrale de Laon, exécutées entre 1572 et 1575 ;

— le tombeau de Louis de Brézé, époux de Diane de Poitiers, réalisé de 1530 à 1544, dans un style purement Renaissance, pour la cathédrale de Rouen ;

— les clôtures en bois des chapelles du déambulatoire de la cathédrale d'Évreux, marquées par la fin du Moyen Âge, mais surtout par la Renaissance ;

— le bel ensemble des stalles de la cathédrale de Saint-Pol-de-Léon, réalisé en 1512 ;

— le tombeau des fils de Charles VIII, dont les gisants reposent sur un soubassement à l'italienne, dans la cathédrale Saint-Gatien de Tours ;

— le jubé de Saint-Étienne de Limoges, avec son décor à l'italienne (1532-1541) ;

— les stalles de style flamboyant, mais ornées d'une décoration allégorique italianisante, de Sainte-Marie d'Auch (1520-1532), commandées par le cardinal-archevêque François de Clermont-Lodève, qui fut l'un des initiateurs de la Renaissance en France ;

— les dix-huit grandes verrières (1507-1513) de Sainte-Marie d'Auch, commandées par le même prélat, fastueux décor d'architecture à l'italienne, avec les grandes scènes de la création du monde, de la chute de l'homme, de la vie du Christ, les sibylles et les prophètes.

Déjà fort appréciable, cette liste deviendrait impressionnante si elle était exhaustive, et on ne peut citer que quelques-unes des œuvres d'art religieux de cette époque. Cela montre combien cet art a été fructueux et universel, contrairement à une opinion largement répandue qui voudrait faire croire que l'art de la Renaissance « n'a osé être lui-même que dans les châteaux ».

Certaines œuvres exceptionnelles furent bâties pour les princes, les princesses ou les rois de France : des chapelles de style Renaissance, lorsqu'elles furent librement conçues pour un château de même style, sont toujours des réussites parfaites.

C'est le cas de la chapelle de la Trinité, aménagée par Philibert Delorme en 1551 à Fontainebleau, et surtout de l'admirable chapelle du château d'Anet, cadeau d'Henri II à la belle Diane de Poitiers : coiffée d'un dôme

remarquable par sa décoration en double spirale inversée, elle fut également construite par Philibert Delorme, de 1510 à 1570.

C'est aussi à Philibert Delorme que l'on doit le monument funéraire de François Ier, Claude de France et leurs enfants, dont les statues et les gisants furent exécutés par Marchand et Pierre Bontemps (cathédrale de Saint-Denis).

Il faut citer enfin les très émouvants gisants nus d'Henri II et de Catherine de Médicis (cathédrale de Saint-Denis), conçus et sculptés dans l'esprit nouveau par Germain Pilon.

Quant à l'école de Fontainebleau, elle a permis l'éclosion d'une pléiade d'artistes, dont certaines œuvres furent parfois religieuses, comme l'atteste la *Naissance de saint Jean-Baptiste*, peinture que l'on peut aujourd'hui admirer au Louvre.

Disons, pour conclure, que non seulement la Renaissance ne fut pas païenne, ou simplement une époque stérile pour l'art religieux, mais qu'elle a ranimé un esprit authentiquement chrétien. Celui-ci s'est exprimé dans les œuvres des artistes de l'époque, insufflant une vie nouvelle à un art qui commençait alors à s'épuiser. Partis d'Italie — et particulièrement

de Florence, où le mouvement a pris naissance —, cet état d'esprit et cet art n'ont cessé de se développer jusqu'à la reconstruction de Saint-Pierre de Rome, capitale de la chrétienté et des arts. Ils se sont répandus, par-delà les frontières, dans toute l'Europe, et principalement en France, traditionnellement appelée « fille aînée de l'Église », toujours intéressée par le renouveau de l'esprit chrétien, et en Espagne, fer de lance de la foi catholique à l'époque. En effet, dès le début du XVIe siècle en France, les idées nouvelles se sont exprimées aussi bien dans l'art sacré et populaire des églises que dans les chapelles princières et les gisants des rois. En revanche, dans la très catholique et conservatrice Espagne, ces idées ne s'affirmèrent pleinement qu'à la mort de Charles Quint, en 1558. Son fils et successeur, Philippe II, empereur mystique, opéra la transformation la plus profonde et la plus radicale de toute l'histoire de l'art espagnol. Quant aux pays comme la Hollande et l'Allemagne, malgré l'influence italienne, ils préférèrent respectivement les « nourritures terrestres » du réalisme bourgeois flamand et la tradition médiévale germanique ■   Jean-Louis SIVADJIAN

◄
La Renaissance fut le second âge d'or des maîtres verriers français, et les vitraux qu'Arnaud de Moles peignit pour la cathédrale d'Auch sont parmi les plus beaux qu'ait produit le XVIe siècle.
Phot. Marmounier-C. E. D. R. I.

▲
Sorte de tribune séparant le chœur de la nef, le jubé, dont la très ancienne tradition s'était perdue au Moyen Âge, connut un regain de faveur à l'époque de la Renaissance. (Église Saint-Étienne-du-Mont, Paris.)
Phot. J. Bottin

►
La Vierge aux rochers illustre parfaitement l'une des préoccupations majeures de Léonard de Vinci : transfigurer le sujet par la lumière diffuse. (Musée du Louvre.)
Phot. Scala

foisonnement du baroque

Une grande fête excessive. Un univers impressionnant de lyrisme, d'exubérance. Colonnes torses, plafonds en trompe-l'œil, balustres ellipsoïdaux et concrétions tourmentées donnent aux églises une allure de rêve.

L'origine du mot « baroque » doit être cherchée dans le vocabulaire des joailliers. Pour les Portugais, au XVIᵉ siècle, le terme *barroco* signale une pierre mal taillée. Les mots espagnols *barrueco* et *berrueco* désignent, à la même époque, une perle aux formes irrégulières, imparfaitement sphérique, ou des roches aux formes étranges. Le *Dictionnaire de l'Académie* adopte « baroque » au début du XVIIIᵉ siècle en lui donnant une nuance péjorative, celle d'une originalité choquante. Saint-Simon par exemple, dans ses *Mémoires*, estime « baroque » une question de hiérarchie contraire aux usages. On peut alors remarquer que le baroque,

comme la perle espagnole qui tire sa valeur de sa bizarrerie, « se crée une identité à partir de ses défauts transformés en éloquentes affirmations ».

Si le baroque a finalement cessé d'être montré du doigt (comme l'art gothique que l'on prenait, au XVIIᵉ siècle, pour un sommet de l'expression barbare), le mérite en revient aux critiques et aux historiens d'art germaniques des cent vingt dernières années. Ils nommèrent *Barock* les somptuosités et les raffinements qui — d'abord en Italie — s'étaient opposés à la Renaissance classique, pour s'épanouir ensuite à travers l'Europe dans un vaste croissant englobant l'Allemagne du Sud, l'Autriche et les régions du Danube jusqu'en Pologne. Tandis qu'en Espagne et au Portugal, le baroque religieux ibérique explosait, par-dessus l'Atlantique, jusqu'au Mexique et dans les colonies

espagnoles d'Amérique latine. Entre la fin du XVIᵉ siècle et celle du XVIIIᵉ siècle, la marée du baroque a recouvert la majeure partie du monde catholique.

L'esthéticien suisse alémanique Jacob Burckhardt a montré le premier l'existence d'un « style » baroque. Le baroque, pour lui, est « émotion et mouvement à tout prix ». C'est la constante métamorphose. Néanmoins, il estime que l'architecture baroque est une dégénérescence de celle de la Renaissance. « Le baroque parle la même langue que la Renaissance, mais à la manière d'un dialecte sauvage », écrit-il en 1855 dans son *Cicérone*.

Il faut attendre le début du siècle et l'historien d'art allemand Henrich Wölfflin pour enfin considérer que le baroque n'est pas une période de décadence, mais une manière nouvelle de s'exprimer. Dans ses *Principes fondamentaux*

▲
Renouvelant complètement le principe de la décoration des sanctuaires, le baroque a multiplié les ornements, mais supprimé les vitraux. (Italie, église de la Vierge du couvent de Novacella, dont le style autrichien s'explique par la proximité de la frontière.)
Phot. Scala

de l'histoire de l'art (1915), Wölfflin développe la thèse qui va permettre d'y voir plus clair dans les constantes de ce nouveau langage. Principes que Claude Roy, spécialiste des arts baroques, résume ainsi : « Le baroque préfère l'organisation de l'espace au tracé rigoureux de la ligne, l'indéfini au dessiné, l'indéterminé aux limites, l'un-peu-trop au trop-juste-assez, l'illusion lyrique au constat objectif, le trompe-l'œil au trompe-l'esprit, la mise en scène à la suggestion discrète, le théâtral à l'intime, la surprise à l'effleurement, le choc à la litote, le cri au murmure... »

Un berceau romain

Le baroque est né à Rome, peu après le concile de Trente (1545-1563), dirigé contre la Réforme protestante.

En réaction contre la sévérité, l'austérité du culte réformé, l'Église catholique décide de parler plus directement au cœur des fidèles par une architecture religieuse plus vaste, plus lumineuse, où la richesse, l'exubérance du décor, son faste, témoignent d'une religion sûre d'elle-même, joyeuse, vivante. L'iconographie développera les dévotions à l'Enfant Jésus, à la Vierge, aux anges gardiens et aux sept archanges, par opposition à la Réforme. Du coup, Rome, cité des papes, va se transformer, s'embellir d'autant plus vite qu'elle apparaît comme une oasis de paix dans une Europe déchirée par les guerres de religion. Le pape Sixte Quint entend qu'elle devienne, pour les pèlerins, la capitale de la continuité, la ville où il y aura autant d'églises que de matins dans l'année.

L'art baroque est donc généralement considéré comme l'expression de la Contre-Réforme triomphante, encore qu'il faille se garder de totalement les identifier l'un à l'autre. La Compagnie de Jésus ayant été le fer de lance de la Contre-Réforme, l'architecture baroque porte — à tort — le nom de « style jésuite ». Aujourd'hui, la plupart des historiens d'art rejettent l'existence d'un style jésuite, qui ne répond pas à la réalité de l'histoire. Si l'église du Gesù, construite par Vignole au centre de Rome, a parfois servi de modèle, ce ne fut en rien systématique. D'ailleurs, si somptueux soit-il, le Gesù n'est franchement baroque que dans sa décoration intérieure du XVIIᵉ siècle, largement postérieure à une construction qui mariait encore les anciennes techniques de la Renaissance aux idées nouvelles de la Contre-Réforme.

Le premier architecte baroque de Rome est Carlo Maderno (1556-1629), et c'est lui qui y bâtit la première église que l'on peut vraiment dire baroque : Santa Suzanna. Sans rompre totalement avec le goût traditionnel, la façade de Santa Suzanna apporte du neuf : six élégantes colonnes corinthiennes donnent du relief, aèrent ce qui apparaissait plat, sévère. Quelques années plus tard, Maderno prolongera en forme de croix latine le plan primitif de Saint-Pierre de Rome (Bramante et Michel-Ange le concevaient comme une croix grecque) et construira l'immense façade à la demande du pape Paul V Borghèse.

Néanmoins, les grands maîtres du baroque romain sont Bernini et Borromini.

Gian Lorenzo Bernini (1598-1680) — on l'appelle, en France, « le Cavalier Bernin » — fut à la fois sculpteur, architecte et, dans une moindre mesure, peintre. Grâce à la protection du pape Urbain VIII, il va apparaître comme l'un des « pères » du baroque, avec une vitalité, une puissance d'invention à mi-chemin entre

l'outrance et la féerie. C'est le Bernin qui a donné à Rome une part du visage qu'on lui connaît encore.

Il a vingt-six ans quand il réalise pour Saint-Pierre le gigantesque baldaquin porté par quatre colonnes torses en bronze où jouent les lumières de la coupole. Plus loin, il dresse l'étrange chaire monumentale, en forme de reliquaire, que soutiennent les statues géantes des Pères de l'Église. À l'extérieur, il conçoit une large galerie en ellipse, la fameuse colonnade à quatre files de colonnes doriques, qui circonscrit habilement l'espace devant la basilique.

Le Bernin est partout présent dans la Ville éternelle. Par des fontaines ; celle du Triton qui boit à la régalade, près du palais Barberini ; celle des Abeilles, à l'entrée de la via Veneto ; la grande vasque de « la Barque », au pied des escaliers de la Trinità dei Monti ; les tumultueuses pétrifications exotiques et les personnages musclés de la fontaine des quatre Fleuves, qui soutiennent l'obélisque de la place Navone ; il y a ses sculptures monumentales, de *Saint Longin* du Vatican aux draperies aériennes de l'*Extase de sainte Thérèse* à Santa Maria della Vittoria. Il y a les tombeaux des papes Urbain VIII et Alexandre VII. Il y a des églises, notamment l'ovale surchargé d'angelots aux formes féminines et dorées de Saint-André-du-Quirinal, son œuvre préférée (avec la petite église de Castel Gandolfo). Le Bernin ne craint pas le théâtral.

Contemporain du Bernin (avec lequel il se fâchera) et ancien élève de Maderno, Francesco Borromini (1599-1667) pousse encore plus loin les audaces nouvelles de l'architecture baroque. Certains voient en lui un précurseur du rococo, tant il se perd dans les ondulations, les concavités, les corniches, les volutes, les spirales. C'est la chasse aux lignes droites.

Trois édifices religieux résument Borromini. La nef, le cloître, plus tard l'extraordinaire façade de San Carlino alle quattro Fontane, église de la Propagation de la Foi ; l'élégante lanterne et la coupole de Sant' Ivo alla Sapienze, qui deviendra le siège de l'université de Rome. La façade large, flanquée de deux tours, de Sant'Agnese in Agone sur la place Navone, le reste de l'église étant l'œuvre de Carlo Rainaldi, disciple du Bernin, à qui Rome doit Santa Maria in Campitelli.

L'influence de Francesco Borromini est importante. On pense que l'architecture baroque danubienne lui doit d'exister.

Premiers pas en Italie

Si le branle de l'architecture religieuse baroque est donné à Rome, le reste de l'Italie emboîte le pas.

À Turin, par exemple, le père Guarino Guarini (1624-1683), moine de la congrégation des théatins, qui a beaucoup voyagé, trouve des éclairages inaccoutumés et quasi orientaux pour ses coupoles et ses voûtes : Saint-Laurent est son chef-d'œuvre. Plus tard, au début du

▲
Le baroque est né au XVIᵉ siècle, à Rome, parmi les successeurs de Michel-Ange, et la chapelle Sixtine dont Domenico Fontana dota la vieille basilique Santa Maria Maggiore est coiffée d'une coupole qui rappelle celle de Saint-Pierre.
Phot. P. Amarger

▶
Le magnifique dôme dont Michel-Ange couronna Saint-Pierre de Rome domine la façade baroque de Maderno et la célèbre colonnade elliptique, hérissée de 140 statues, dont le Cavalier Bernin ceintura la place qui s'étend devant la basilique.
Phot. Moss-Colorific

foisonnement du baroque

3

XVIIIᵉ siècle, dans la période du « baroque tardif », Filippo Juvara (1676-1736) construira la basilique de Superga, majestueuse rotonde funéraire des rois de Sardaigne, dont la coupole et les deux clochers dominent Turin.

À Venise, il y a Baldassare Longhena (1598-1682). Ce disciple de Palladio est chargé de la réalisation de Santa Maria della Salute, après la grande peste des années 1630. Sur un plan octogonal, il assied des coupoles argentées, l'une puissante, l'autre plus petite, qui s'intègrent avec douceur dans la lumière de la lagune, à l'entrée du Grand Canal. C'est l'une des plus belles réussites du baroque. Mais il existe bien d'autres trésors baroques à Venise, à commencer par la gigantesque façade de San Moïse (d'Alessandro Tremignon) avec ses colonnes géantes, ses guirlandes de feuillages, ses figures d'animaux et ses bustes. Comment oublier le grand escalier du couvent de San Giorgio Maggiore (aujourd'hui Fondation Giorgio Cini) et surtout les fastes de l'église des Jésuites (Santa Maria Assunta), construite pour la Compagnie par Domenico Rossi ? Le marbre et le stuc font croire à des draperies de velours autour des colonnes, et les torsades vertes du baldaquin rappellent le modèle de Saint-Pierre. Les grâces de Venise ont probablement aidé le baroque à gagner Vienne et l'Europe centrale...

À Milan, c'est l'imposante façade de San Alessandro. À Gênes, Santa Maria di Carignano déconcerte avec ses deux campaniles et sa coupole aux géants de pierre. À Campione d'Italia, dans le décor du lac de Lugano, on découvre le sanctuaire de la Madone des Ghirli. La liste est longue...

▲
Cherchant avant tout à frapper l'imagination, la sculpture baroque a largement fait appel aux procédés théâtraux, et notamment aux effets de lumière. (Rome, S. Maria Sopra Minerva, Extase de sainte Thérèse, par le Cavalier Bernin.)
Phot. Scala

▲
Le Cavalier Bernin a placé au centre de Saint-Pierre de Rome un gigantesque et majestueux baldaquin de bronze, dont les colonnes torses sont devenues l'un des emblèmes du style baroque. (Le pape présidant une réunion du concile.)
Phot. Tétrel-Explorer

Au sud de l'Italie, en s'épanouissant, l'architecture baroque va se surcharger. Des variantes régionales apparaissent. Le baroque religieux napolitain se situe loin du baroque romain et même de la Salute vénitienne. Amoncellement de dorures, de marbes polychromes, d'effets de perspective.

À Naples, la célèbre chartreuse de San Martino, sur les hauteurs du Vomero, a été restaurée dans le style napolitain, notamment le chœur des moines, où abondent les statues, les moulures et les peintures en trompe-l'œil, du plafond jusqu'au pavement en passant par les incrustations précieuses de la table de communion. Mais on pourrait évoquer aussi Santa Maria Donna Regina (qui abrite le monument funéraire de Marie de Hongrie) ou l'intérieur transformé de Santa Restituta.

C'est à Lecce, une petite ville de la Pouille (dans le talon de la botte italienne) surnommée « la Florence du baroque », qu'éclate le règne du nouvel art. Les églises de Lecce présentent un ensemble unique, dont la perle est Santa Croce, lumineuse, élégante en dépit de l'abondance des ornementations. Plus loin, la place du Dôme offre un parfait équilibre avec le campanile, la coupole de la cathédrale (duomo), les façades du palais épiscopal et du séminaire, et la petite cour au puits décoré. Ce style leccese se prolonge jusque sur les bords du golfe de Tarente : la façade de la cathédrale San' Agata, dans le port de Gallipoli, est caractéristique.

Enfin, il y a la Sicile. Toute une ville baroque y a surgi des ruines, après le tremblement de terre de 1693 : Noto, près de Syracuse. Le baroque s'est extériorisé sur l'ensemble de l'île, tant à Catane, au pied de l'Etna (couvent des Bénédictines et l'ensemble de la piazza del Duomo) qu'à Messine et à Mazara del Vallo, entre Marsala et Sélinonte. Seulement, il a changé de visage : il offre ici plus qu'une simple parenté avec le baroque espagnol...

▲
Reconstruite au XVIIe siècle après avoir été détruite par un tremblement de terre, la petite cité de Noto (Sicile) offre un ensemble très homogène d'édifices baroques. (Église San Francesco.)
Phot. Rachet-Explorer

◀
Le calcaire doré de Lecce (Italie du Sud), qui se prête à toutes les fantaisies décoratives, a favorisé la floraison architecturale qui vaut à la ville son surnom de « Florence du baroque ». (Détail du Duomo.)
Phot. Fiore-Explorer

▶
N'ayant plus de croisées d'ogives à contrebuter, le baroque a remplacé les arcs-boutants gothiques par des consoles à volutes purement décoratives. (Venise, S. Maria della Salute, église octogonale célébrant la fin d'une épidémie de peste.)
Phot. J. Bottin

▲
L'architecte allemand Johann Michael Fischer dota la Bavière de nombreuses églises baroques dont la sobriété extérieure cache une luxuriante décoration intérieure. (Abbaye de Diessen.)
Phot. Guillard-Top

Le baroque franchit les Alpes

Si le baroque de Lecce et de la Sicile regarde vers la péninsule ibérique, celui du nord de l'Italie va finalement se déployer, lui aussi. Il va s'épanouir dans des quantités d'œuvres gracieuses qu'on nommera « baroque d'Europe centrale », et qui, bien au-delà de l'Allemagne et du Danube, s'enfoncera jusqu'en Lituanie. L'Europe centrale, c'est le domaine de prédilection du baroque. Les noms parlent tout seuls. C'est Vienne, c'est Salzbourg, c'est surtout Prague, où la féerie se précise.

En Souabe s'épanouissent les grâces parfois un peu lourdes de l'école du Vorarlberg, province autrichienne qui regarde aussi vers la Suisse, où ses maîtres-compagnons vont laisser deux chefs-d'œuvre : la façade de la cathédrale

▲
Orgues de l'église ovale de Steinhausen (Souabe), œuvre de l'architecte Dominikus Zimmermann, qui se chargea également des stucs, mais fit exécuter les peintures par son frère Johann Baptist.
Phot. Guillard-Top

▶
Les statues volantes et les amples draperies font partie des éléments décoratifs couramment employés par les sculpteurs baroques. (Chaire de l'église abbatiale de Weingarten, Allemagne occidentale.)
Phot. Guillard-Top

Pages suivantes, à gauche :
Les proportions imposantes aidaient les artistes baroques à impressionner les chrétiens qui auraient pu se laisser tenter par la Réforme : l'église de l'abbaye de Weingarten (Allemagne occidentale) a les dimensions d'une cathédrale.
Phot. Guillard-Top

À droite :
Les façades peintes sont une spécialité du centre de sports d'hiver de Mittenwald, en Bavière, et l'église baroque édifiée par Joseph Schmuzer ne déroge pas à la tradition locale.
Phot. Fassbind-Top

de Saint-Gall et l'église de l'abbaye bénédictine d'Einsiedeln, dont la Vierge noire attire chaque année des milliers de pèlerins.

Dans la Franconie voisine, l'art baroque reçoit l'appui des princes-évêques et apparaît soudé au développement du baroque en Bohême. Premier architecte du prince-évêque de Würzburg, Johann Balthasar Neumann, l'un des maîtres du baroque religieux franconien, est l'auteur, entre autres, des églises de Neresheim (sa dernière œuvre) et de Gössweinstein, de la Hofkirche de Würzburg mais, surtout près de Bamberg de l'église des Quatorze-Saints (Vierzehnheiligen) qu'encadrent deux hautes et vigoureuses tours ocres à bulbe pointu. À l'intérieur, l'autel des Saints-Intercesseurs se présente un peu comme un carrosse de couronnement, dans un raffinement de courbes, de contre-courbes, d'angelots et de statues. Du sanctuaire des Quatorze-Saints, on aperçoit, sur l'autre versant de la vallée du Main, l'ensemble monumental baroque de l'abbaye de Banz, dû aux frères Dientzenhofer.

La Saxe protestante occupe une place à part. On peut parler d'un « style saxon », à mi-chemin entre Vienne et Berlin, grâce à Matthäus Daniel Poppelmann (1662-1736). Travaillant en équipe avec le sculpteur Balthasar Permoser, qui demeura quatorze ans en Italie, il fit de Dresde (détruite en 1945 par les bombardements aériens) la plus belle ville baroque d'Allemagne, la peuplant d'églises, de monuments et de palais civils dont le célèbre Zwinger, d'un baroque bouillonnant. Encadrée de ses lanternes satellites, la coupole du temple protestant de la Frauenkirche s'envolait comme une tour aérée par-dessus la vallée de l'Elbe : il n'en reste que d'inoubliables photographies...

En Bavière, l'école bavaroise compte quelques virtuoses, tels les frères Asam : Cosmas Damian peignait, Egid Quirin sculptait. Ils unissaient leurs efforts pour l'architecture. Parmi leurs œuvres significatives : la décoration de l'abbatiale de Weltenburg, près de Ratisbonne, l'église Maria-Victoria d'Ingolstadt et Saint-Jean-Népomucène (Asamkirche) de Munich avec les clairs-obscurs de fenêtres dissimulées derrière des moulures. Ce sont des paradis de bijoutiers.

Autre architecte célèbre de l'école de Bavière : Johann Michael Fischer, qui construisit ou restaura trente-deux églises et vingt-trois monastères. Le couvent de Diessen, par exemple. Ou, au bord d'un Danube guère plus large qu'un ruisseau à écrevisses, l'église de Zwiefalten, bonbonnière colorée croulant sous les ors avec ses grilles, ses pendentifs et ses confessionnaux en forme de grottes. J. M. Fischer atteint à la perfection à l'abbaye bénédictine d'Ottobeuren, considérée comme le « miracle du baroque allemand », où se mêlent les influences de Rome (coupole), de Salzbourg et de l'école du Vorarlberg. L'abbatiale d'Ottobeuren est la plus vaste des églises baroques allemandes.

Dominikus Zimmermann est le troisième maître de l'école bavaroise. Après l'exquise petite église à bulbe de Steinhausen, en Haute-Souabe, il se vit confier la construction de l'église du pèlerinage de Wies, toute rose, toute blanche, parmi les rocailles dorées d'un baroque bavarois à son apogée : le frère de Dominikus, Johann Baptist, en fut le décorateur.

▲

Supprimer la pesanteur a toujours été l'une des préoccupations dominantes des sculpteurs baroques, et ceux qui décorèrent l'abbatiale d'Ottobeuren (Bavière) dans le style rococo avaient atteint une remarquable virtuosité dans ce domaine.
Phot. Renart-Fotogram

▲

Au XVIIIe siècle, l'excès de raffinement conduisit le baroque germanique à une accumulation d'ornements à laquelle on a attribué le qualificatif de « rococo ». (Chaire de l'abbatiale d'Ottobeuren, Bavière.)
Phot. Veiller-Explorer

▶

Art de Cour, le baroque, par sa richesse, permettait aux princes catholiques de faire étalage de leur faste tout en glorifiant le Seigneur. (Église de la Résidence de Würzburg [Bavière], construite par Johann Balthasar Neumann pour les princes-évêques qui gouvernaient le duché.)
Phot. Veiller-Explorer

Prague, ville clef du baroque

D'origine bavaroise elle aussi, la grande famille des Dientzenhofer a lié le baroque religieux de l'Allemagne du Sud à celui de la Bohême. Christoph travaille aux églises de Prague, entre autres à Notre-Dame-de-Lorette et à l'élégant dôme gris-vert de la cathédrale de Malá Strana, cœur de la Prague baroque. Georg est l'architecte attitré des jésuites de Bamberg, archevêché de Haute-Franconie où son frère Leonhard construit deux ailes de la nouvelle résidence épiscopale avant de s'atteler à la façade de l'abbaye de Banz. Johann, son cadet, transformera la cathédrale de Fulda, où les pèlerins vénèrent l'évêque-martyr Saint-Boniface. Enfin le fils de Christoph, Kilián Ignác, dont « le nom est identifié à la grandeur du baroque tchèque », couvre Prague d'églises, de Saint-Jean-sur-le-Rocher à Saint-Nicolas-de-la-Vieille-Ville et, mieux encore, Saint-Nicolas de Malá Strana, où il reprend et complète l'œuvre de son père. Car Prague est la ville clef du baroque. Son écrin. Il s'y fond dans le paysage, mêlant ses coupoles à des forêts de clochers, parmi les vieux toits d'ardoise ou les voûtes enjambant des ruelles pavées. La capitale tchèque lui doit une bonne part de son charme.

Si Prague est devenue la vitrine du baroque, c'est d'abord à des architectes italiens — comme Francesco Caratti — qu'elle le doit : ils ont modelé le visage du vieux quartier de Malá Strana. Néanmoins, c'est un Bourguignon établi à Rome, Jean-Baptiste Mathey, qui fut l'un des premiers à mettre la nouvelle architecture à la mode, en élevant notamment l'église des Croisés, près du pont Charles.

Les statues se multiplient. Elles sont en général de Matias Braun ou des Brokoff, les grands sculpteurs tchèques du début du XVIIIe siècle. Des saints pensifs, des moines mendiants, des évêques, des groupes de soldats armés de lance, des descentes de Croix entre les réverbères décorent chacun des deux parapets du pont Charles, « voie royale de la sculpture baroque », interdite aux voitures. Ces statues monumentales vont parfois se percher sur les

▲ *Tchécoslovaquie : le sanctuaire baroque de Svatá Hora, où toute la Bohême se rend en pèlerinage pour invoquer la Vierge, est bâti sur une hauteur près de Příbram, au sud de Prague.*
Phot. Roy-Explorer

▶ *Déjà utilisé par les Anciens, le stuc — enduit imitant le marbre, dont l'usage s'était perdu pendant le Moyen Âge — joue un rôle essentiel dans les décors baroques. (Sanctuaire de Svatá Hora, Tchécoslovaquie.)*
Phot. Roy-Explorer

tours, entre les hautes flèches de Prague, tandis qu'à l'intérieur des édifices religieux et des palais voltigent partout des anges aux ailes d'or dans des ciels bonbon cernés de draperies.

Prague ne résume pas tout. La Bohême entière s'est couverte d'églises baroques. On ne

peut ignorer, par exemple, à l'extrême ouest de la Tchécoslovaquie, l'église Sainte-Claire de Cheb, ville où périrent Wallenstein et ses généraux, ou la cathédrale de Karlovy-Vary où s'est retrouvé jadis toute l'Europe de la belle époque de l'Orient-Express, quand la petite cité thermale se nommait Carlsbad, du nom de son fondateur Charles IV...

La campagne de la Moravie procure les mêmes enchantements, souvent dans de petits villages. Ainsi, au nord-est de Brno, l'intérieur de l'église de pèlerinage de Křtiny montre les patriarches, les prophètes et les apôtres siégeant au paradis sur des coussins de nuages rose tendre et bleu pastel. Baroque aussi la gracieuse ville de Kroměříž, sur la Morava, de l'église Saint-Jean jusqu'au château rebâti après les ravages de la guerre de Trente Ans. Baroque surtout l'extravagante décoration d'un Kracker, inventant de fausses perspectives, de faux jeux de lumière pour le chœur de l'ancienne église cistercienne de Nová Říše.

En Moravie toujours, mais aux confins de la Bohême, la curieuse église Saint-Jean-Népomucène *auf dem Grünen Berg*, près de Žd'ár, rappelle la discrète présence de Giovanni Santini Aichel (1667-1723) parmi les grands du baroque religieux tchèque. Né à Prague, il était le fils d'un tailleur de pierre italien. Son originalité est d'avoir introduit le baroque dans la restauration de monastères et de couvents gothiques, comme à Sedlec et à Kladruby.

▲

L'arrivée des Habsbourg catholiques sur le trône d'un État tchèque protestant déclencha la Contre-Réforme et fit de Prague la capitale du baroque. (Église de la Vieille-Ville.)
Phot. Jalain-Top

L'Autriche des Habsbourg

Vienne est l'autre pôle de l'Europe baroque.

À Vienne, la séduction baroque reflète essentiellement un triomphe : celui des Habsbourg sur les Turcs, après l'échec de la dernière invasion ottomane (1683). Enfin, la ville respire. Elle se couvre d'églises, de palais. Partout s'épanouissent les nouveautés architecturales inspirées par la Contre-Réforme. D'autant que Vienne est un important carrefour, à la fois sur la route du Danube et sur celle qui unit Venise aux États allemands.

Deux grands architectes autrichiens vont alors rivaliser.

Le premier est Johann Bernhard Fischer von Erlach (1656-1723), à ne pas confondre avec son quasi-homonyme bavarois Johann Michael Fischer, le maître d'Ottobeuren. Le second est Johann Lukas von Hildebrandt (1668-1745). Tous deux ont été formés en Italie.

Fischer von Erlach s'affirme d'abord à Salzbourg qui n'est pas encore la ville emplie du tendre charme de Mozart. Au moment où le prince-archevêque demande à Fischer de construire plusieurs églises, l'édifice religieux le plus imposant de la « Rome des Alpes » est le Dom, une cathédrale très vaste, très sage, où se conjuguent la Renaissance italienne à son

couchant et un baroque encore timide : c'est là, sur des fonts baptismaux romans, qu'un enfant prénommé Wolfgang Amadeus, fils de Leopold Mozart, violoniste au service de l'archevêque, recevra le baptême en 1756, exactement cent ans après la naissance de l'architecte.

Le baroque de Salzbourg est d'une poésie indéfinissable. Il y a l'abbatiale des Bénédictins (Stiftskirche Sankt Peter). Il y a l'église des Franciscains (Franziskanerkirche), où le roman, le gothique et le baroque font apparemment bon ménage. Fischer von Erlach va y ajouter d'autres témoignages, notamment l'église de l'Université (Kollegienkirche), assez massive, et une majestueuse Trinité à coupole ovale que décorent les fresques de son ami, le peintre Michael Rottmayr.

Mais c'est à Vienne, dans les premières années du XVIIIe siècle, que Fischer va révéler sa maîtrise. Il couvre de palais princiers les quartiers de la capitale. Et, à la demande de l'empereur Charles VI, il construit l'immense église votive Saint-Charles-Borromée (Karlskirche). C'est un choc. Deux colonnes à l'image de la colonne Trajane avec leurs bas-reliefs en spirale, flanquent un portique corinthien barré d'un large fronton triangulaire, sorte de temple antique derrière lequel s'envole une monumentale coupole. À l'intérieur : sobriété, lumière, marbre rose. La fresque de Rottmayr flotte dans le ciel circulaire du dôme, inaccessible au milieu de ses nuages crème. La légende veut que ce soit en contemplant le panorama de Rome du sommet d'une colline que Fischer von Erlach ait eu l'idée d'associer audacieusement portique de temple, coupole baroque et colonnes romaines...

L'autre grand nom du baroque architectural autrichien, Lukas von Hildebrandt, doit beaucoup, lui aussi, aux enseignements italiens. Né à Gênes, il a passé son adolescence à Rome, où il fut l'élève de Carlo Fontana, qui a marqué de son empreinte baroque bon nombre d'églises de la Ville éternelle : façade de San Marcello del

Corso, chapelle Cybo à Santa Maria del Popolo, portique de Santa Cecilia in Trastevere et Santi Apostoli dans l'ombre du palais Colonna.

Rentré à Vienne, Hildebrandt espère surpasser Fischer (il leur arrivera néanmoins d'unir leurs talents, comme au palais Schwartzenberg). Et il laissera une œuvre dont l'influence pèsera sur l'architecture de son temps. En dehors des palais et des châteaux (palais Kinsky, dont la façade accumule les motifs sculptés, les blasons, les pilastres décorés ; palais du Belvédère dont l'un abrite aujourd'hui le musée d'Art baroque autrichien, etc.), il édifie des églises, celle de la Vierge-Fidèle (Piaristenkirche), au centre de l'élégant quartier de Josefstadt, et surtout Saint-Pierre, d'un baroque fastueux avec ses dorures, ses retables de maîtres dans les chapelles latérales et l'Assomption de Rottmayr qui emplit la coupole.

Le troisième homme du baroque religieux autrichien est Jakob Prandtauer (1660-1726). On l'appelle « le maître de la vallée du Danube » car son nom est attaché à la baroquisation des énormes monastères de Haute- et Basse-Autriche, telle l'abbaye de Sankt-Florian, d'une parfaite sobriété extérieure : à l'intérieur, le compositeur Anton Bruckner repose dans la crypte, juste au-dessous des grandes orgues qui croulent d'or dans des avalanches de stucs et de coupoles peintes en trompe-l'œil.

Le triomphe de Prandtauer est l'impressionnante abbaye bénédictine de Melk (Stift Melk). L'allure est royale. Fierté de tours altières pardessus la terrasse qui s'avance sur un promontoire, à la proue d'un bâtiment percé de deux mille fenêtres d'où Melk éperonne le fleuve comme un navire de haut bord. Avec Sankt-Florian, Melk est la plus éclatante réussite de l'art monastique baroque en Autriche. Il en est d'autres. La grande façade de l'église de l'abbaye cistercienne de Zwettl, dans le décor romantique du Waldviertel ; tours à bulbe de la basilique de Mariazell, le plus fameux des pèlerinages autrichiens ; angelots et statues de

▲ *Salzbourg (Autriche) : la coupole rosée de la Kollegienkirche, édifiée par J.-B. Fischer von Erlach dans le plus pur baroque autrichien, est encadrée par les tours blanches de la cathédrale (Dom) bâtie par Santino Solari dans le style italien.*
Phot. S. Held

▲ *Une foule d'un réalisme saisissant, composée de plus de 70 personnages grandeur nature, en bois peint et doré, se presse sur le maître-autel baroque de la cathédrale romane de Gurk (Autriche).*
Phot. Marmounier-C. E. D. R. I.

▶ *Surmontée d'une coupole ovale et précédée de deux colonnes et d'un portique d'inspiration romaine, la Karlskirche (Saint-Charles-Borromée) conçue par J.-B. Fischer von Erlach est la plus belle église baroque de Vienne.*
Phot. S. Marmounier

l'abbaye de Pfarrkirchen près de la station thermale de Bad Hall...

Puis il y a toute cette merveilleuse fraîcheur des églises baroques du Tyrol : masse inattendue de la coupole de Zell am Ziller, au sein de ses montagnes. Abbatiale de Stamms et sa grille des roses, dentelle de fer forgé datant du début du XVIIIᵉ siècle ; église rouge et blanche de Volders, sur les rives de l'Inn ; exubérance intérieure du Dom zu Sankt Jacob, cathédrale d'Innsbruck. Ou dans les faubourgs de la capitale du Tyrol, les fleurs de stuc, les feuilles d'or, les joyeux ange-lots, les extravagantes arabesques de l'église paroissiale de Wilten, face au crépi rouge de l'abbatiale des Prémontrés, gardée par deux géants de bois peint...

Bref, Allemagne du Sud, Tchécoslovaquie et Autriche apparaissent comme les sanctuaires d'un baroque qui n'y est pourtant pas né.

Dans les pas des jésuites

Ensuite, le baroque hésite. En Yougoslavie, par exemple, il est loin de fleurir partout. On le voit vivace derrière les remparts de Dubrovnik, l'ancienne Raguse rivale de Venise. Il y fut importé dans les pas des jésuites par Andreotti, Gropelli, le père Pozzo (auteur de l'illusion tourbillonnante des voûtes de Saint-Ignace, à Rome, où les personnages voltigent comme dans un cyclone jusqu'à Dieu, à peine visible). L'un construit la cathédrale, l'autre l'église Saint-Blaise, le troisième la chapelle de

Les angelots chargés de pampres qui ornent l'autel du Saint-Sacrement de la Pfarrkirche de Mondsee (Autriche) font davantage penser à des Bacchus qu'à des séraphins.
Phot. S. Marmounier
▼

◄
Remaniée dans le style baroque au XVIIᵉ siècle, l'église du couvent des augustines de Vorau (Autriche) est recouverte intérieurement de peintures en trompe-l'œil et dotée d'une chaire particulièrement somptueuse.
Phot. S. Marmounier

▲
La sobre façade romane de l'abbatiale de Heiligenkreuz (Autriche) fait un plaisant contraste avec le clocher à bulbe qui la domine et la fontaine qui lui fait face, tous deux résolument baroques.
Phot. S. Marmounier

Restent la Pologne et la Russie. À l'époque où la marée baroque s'étale sur l'Europe, la première est ruinée et les grandes puissances y font sentir leur pouvoir. L'électeur de Saxe, Auguste II le Fort, imposé sur le trône, s'est lancé dans une guerre désastreuse contre la Suède. Il faut reconstruire le pays. Là aussi, l'influence italienne l'emporte. Saint-Pierre-et-Paul de Cracovie, l'ancienne capitale, s'inspire du Gesù avant que le goût du Bernin et de Borromini ne devienne à la mode, plus ou moins simplifié. L'église des Dominicains de Lvov et surtout la Trinité de Vilnious (l'une et l'autre se trouvent maintenant sur le territoire de l'U. R. S. S.) n'échappent ni aux sculptures, ni aux somptueuses décorations, ni aux moulures en stuc...

Si la Russie — orthodoxe — s'est laissé imprégner par un baroque né à Rome et nourri des idées de la Contre-Réforme, c'est que l'art baroque reflète une sorte de sensibilité qui s'épanouit dans le peuple slave.

Il existe plusieurs formes d'architecture religieuse baroque en Russie, la plus jolie étant la plus ancienne, celle que l'on nomme « baroque moscovite » ou « Narychkine », du nom d'une famille qui joua un rôle important sous Pierre le Grand. La petite chapelle octogonale de la Source miraculeuse, au monastère de la Trinité-Saint-Serge de Zagorsk, est un exemple de ce baroque moscovite. Elle fait penser à une pâtisserie de mariage. Des paires de torsades soutiennent l'entablement d'un étage dont les fenêtres sont elles-mêmes encadrées de colonnettes et de motifs, sous une coupole à lanternon. Caractéristiques également sont les églises de Fili (faubourg de Moscou) et de Doubrovitsy. Il en existe une très belle à Moscou : l'église de la Transfiguration, dans l'ancien monastère de Novodiévitchi (actuel musée d'architecture russe des XVIe et XVIIe siècles). Comment ne pas nommer baroque ce toit à bulbes d'où jaillit un clocher à colonnettes ?

En revanche, de nombreux historiens d'art estiment qu'on ne peut déjà qualifier de baroque l'architecture ancienne des églises pyramidales à encorbellements, quel que soit le dynamisme de leur fantaisie décorative. Pas plus que les coupoles en bouquet qui couronnent Basile-le-Bienheureux, sur la place Rouge.

Et les opinions sont divisées sur l'architecture baroque introduite en Russie par les architectes français et italiens (notamment Bartolomeo Francesco Rastrelli, à qui l'on doit — outre le palais d'Hiver — le couvent de Smolnyï à Leningrad et l'église Saint-André de Kiev). S'agit-il de baroque russe ? C'est le baroque commandé par Pierre le Grand et ses successeurs pour l'embellissement de Saint-Pétersbourg. Celui de la cathédrale Pierre-et-Paul (construite par Trezzini) et de l'église Siméon-et-Anne. « Dans l'architecture d'alors se juxtaposent des influences du classicisme français et des œuvres qui rejoignent la tradition romaine du Bernin, de Borromini ou de Rainaldi », observe l'historien V. Tapié, et il conclut : « C'est du baroque en Russie, ce n'est pas du baroque russe. » ■　Pierre MACAIGNE

la Compagnie de Jésus. Ces églises n'ont cependant ni la spontanéité, ni l'invention de Notre-Dame-des-Neiges, petit chef-d'œuvre du baroque croate, situé dans le village de Belec, au nord de Zagreb ; le moine Ivan Ranger, qui en décora les murs, est également l'auteur des fresques de l'ancien monastère paulinien de Lepoglava.

Évolution analogue en Hongrie, où le baroque religieux s'inspire souvent du modèle Gesù : Saint-Ignace à Györ, église paroissiale de la ville haute à Nagykanizsa, Sainte-Anne à Buda, etc. Le bel ensemble baroque d'Eger, où l'évêché, la préfecture, l'hôtel de ville et les vieilles maisons de chanoines se répondent, cause une surprise qui n'est pas sans charme.

En Roumanie, les témoignages typiques de baroque religieux sont assez rares, excepté en Transylvanie, dans des villes de style austro-hongrois comme Cluj, Sibiu ou Braşov.

▲
U. R. S. S. : des architectes russes ont dressé au cœur du couvent de la Trinité-Saint-Serge, à Zagorsk, près de Moscou, un magnifique clocher baroque dans le style dit « rastrellien » importé d'Italie par Bartolomeo Francesco Rastrelli.
Phot. Roy-Explorer.

Circonspection française

Une carte des grands centres de l'art baroque religieux en Europe montre d'abord un fourmillement entre le Danube et le Main, une forte zone d'irradiation en Italie, l'effervescence allemande, des bastions solides en Pologne et en Russie. Puis on remarque la concentration flamande et l'éparpillement ibérique. Mais, sur cette carte, la France fait une sorte de tache blanche.

Aucune église baroque d'importance entre la Loire et les Pyrénées : le baroque civil de Bordeaux y prend des allures d'oasis. En Provence, l'exception vient de la région d'Avignon. Dans la cité des papes, la façade de la chapelle des Pénitents-Noirs surprend : la tête de saint Jean-Baptiste y est portée sur un plat par des anges, dans les airs, au milieu des rayons d'une gloire. Quelques dizaines de kilomètres plus loin, près de la fontaine de Vaucluse, l'intérieur de l'église de l'Isle-sur-la-Sorgue apparaît richement décoré de boiseries et de statues à l'italienne. D'autres points d'art baroque sont dispersés en Lorraine, autour de

Nancy. Par exemple les hautes tours cylindriques de la cathédrale Saint-Jacques de Lunéville — le « petit Versailles lorrain » — ou, à Pont-à-Mousson, la chapelle de l'ancien couvent des Prémontrés (aujourd'hui centre culturel).

Il faut parler modestement du baroque religieux à Paris. Néanmoins, il existe. Ainsi, la chapelle Saint-Joseph-des-Carmes, rue de Vaugirard, fut l'une des premières à gonfler un dôme à l'italienne au-dessus des toits de la capitale. On y admire une *Vierge et l'Enfant*, beau marbre sculpté sur les plans du Bernin.

Près de la Bastille, rue Saint-Antoine, le temple Sainte-Marie de l'Église réformée de France a été bâti sur le modèle de Notre-Dame-de-la-Rotonde à Rome ; c'est l'ancienne chapelle du couvent des Visitandines, dont saint Vincent de Paul fut l'aumônier pendant vingt-huit ans. Toujours dans la rue Saint-Antoine, l'église Saint-Paul-Saint-Louis (autrefois Saint-Louis-des-Jésuites) suit le schéma du Gesù. Là aussi, le passé se lit comme un livre. Le cardinal de Richelieu y célébra la messe inaugurale, Bourdaloue s'y tailla une réputation de prédicateur (Madame de Sévigné venait l'écouter). Quant aux coquilles des bénitiers, c'est

Victor Hugo qui les offrit à l'occasion de la communion de sa fille Adèle.

Notre-Dame-des-Victoires, Saint-Thomas-d'Aquin, Saint-Louis-en-l'Île relèvent également du baroque « jésuite ». Comme la chapelle de la Sorbonne, construite par Lemercier à la demande de Richelieu, qui y fut enterré. De même la chapelle du Val-de-Grâce (aujourd'hui hôpital militaire), dont la première pierre fut posée par un Louis XIV encore enfant : Anne d'Autriche, sa mère, avait fait le vœu d'élever une église en reconnaissance du fils espéré pendant vingt-deux ans. La chapelle du Val-de-Grâce s'inspire à la fois du Gesù et de Saint-Pierre de Rome, notamment par le dôme et l'autel à baldaquin, qu'encadrent six colonnes torses de marbre noir veiné de bleu (au Vatican, le baldaquin du Bernin n'a que quatre colonnes).

Baroque aussi le Dôme des Invalides, construit par Hardouin-Mansart dans une forme évoquant le Panthéon romain. Baroque sans aucun doute l'harmonieuse chapelle du château de Versailles, avec sa blanche galerie aérienne de colonnes corinthiennes. Mais, en ce qui concerne Saint-Sulpice, les avis sont partagés,

▲

Paris : édifiée par Anne d'Autriche pour remercier le ciel de la naissance du futur Louis XIV, l'église du Val-de-Grâce est probablement le sanctuaire français le plus directement inspiré du style baroque alors en faveur à Rome.
Phot. J. Bottin

foisonnement du baroque

car, si sa reconstruction fut entamée au début du règne du Roi-Soleil dans le style jésuite, les travaux furent longtemps suspendus faute de crédits, et l'église, sans unité, se présente un peu comme un « patchwork ».

En fait, les historiens d'art admettent que la France du gothique et de la Renaissance ne s'est pas ruée vers l'art baroque. Elle ne l'a pas non plus repoussé. Simplement, il n'a pas soufflé en tempête comme ailleurs. Le baroque religieux s'est heurté en France à des traditions établies. Lemercier ou Mansart peuvent s'inspirer à l'occasion des églises romaines, les peintres flamands être à la mode et Rubens décorer le palais du Luxembourg : cela ne signifie pas qu'on s'enthousiasme pour un style trop chargé. La France a des églises romanes qui invitent à la prière sans ostentation, des cathédrales flamboyantes de foi collective : elle les garde. La « tentation baroque » a été écartée quand Colbert poussa Louis XIV à rejeter les projets du Bernin concernant l'achèvement du Louvre.

La Flandre de Rubens

Pour les Pays-Bas, c'est autre chose. Alors que les provinces du Nord (correspondant à l'actuel royaume des Pays-Bas) sont favorables à la Réforme calviniste et marchent vers l'indépendance, les provinces du Sud (c'est-à-dire, en gros, celles qui forment aujourd'hui la Belgique et le Luxembourg) sont en majorité catholiques. Au XVIIe et au XVIIIe siècle, ces dernières sont gouvernées par l'Espagne (1598-1713), puis par l'Autriche (1713-1790) à l'issue de la guerre de la Succession d'Espagne. Dans ces Pays-Bas méridionaux, le fer de lance de la Contre-Réforme est l'université de Louvain. Les jésuites de cette ville vont assurer le triomphe de l'architecture nouvelle et la renommée d'un peintre, leur protégé : Rubens.

Petrus Paulus Rubens (1577-1640) a joué dans les Pays-Bas espagnols un rôle comparable à celui du Bernin à Rome. Il a exercé un tel ascendant sur sa génération qu'on peut parler du « siècle de Rubens ». Pratiquant tous les genres, il a influencé non seulement l'école de peinture flamande, mais l'architecture, la sculpture, la gravure, la décoration. On l'appelle le « baroque du Nord ».

Si les évocations historiques et mythologiques abondent dans l'œuvre du peintre, le merveilleux chrétien est loin d'être absent. *Les Miracles de saint Ignace* (Vienne), *l'Érection de la croix* et *la Descente de croix* (deux triptyques de la cathédrale d'Anvers, qui abrite aussi une émouvante *Assomption* et une *Résurrection du Christ*), *le Martyre de saint Liévin*, *l'Adoration des Mages* et *la Montée au Calvaire* (tous trois à Bruxelles) sont parmi les toiles les plus célèbres de Rubens. Tout comme *le Coup de lance* du musée d'Anvers.

Dans le développement de l'architecture religieuse baroque flamande, Rubens a joué un rôle important. Lors de son séjour à Gênes, il avait pris des croquis des églises et des palais :

le recueil de ces gravures inspira plus tard les architectes. Ainsi à Saint-Loup de Namur. À Anvers, le père Aiguillon et le frère Huyssens, constructeurs de Saint-Charles-Borromée (l'église des Jésuites, que décora Rubens), ont certainement suivi les conseils du peintre qui travaillait pour eux. Non sans drame. On raconte que le général des Jésuites fut tellement scandalisé par l'opulence de l'église anversoise qu'il fit interdire au frère Huyssens d'en cons-

truire d'autres, pour le rappeler aux règles de l'austérité ; il fallut l'intervention des archiducs pour que le frère Huyssens reprenne ses travaux.

Le frère bâtisseur fit tout de même des émules. Quarante ans plus tard, un autre Jésuite, le père Hesius, tenta d'aller plus loin. À Louvain, il construisit l'église Saint-Michel, l'une des plus riches de la Belgique d'aujourd'hui. Elle est comme une tiare, un haut diadème en

▲

Paris : de proportions plus modestes, mais avec six colonnes torses au lieu de quatre, le baldaquin du maître-autel du Val-de-Grâce rappelle celui que le Cavalier Bernin édifia pour Saint-Pierre de Rome.
Phot. Scala

▶

Peintre baroque par excellence, Rubens dota les églises flamandes de grandes compositions pleines de couleurs et de fougue. (Vierge à l'Enfant entourée des Saints Innocents, musée du Louvre.)
Phot. Scala

pointe, ciselé de colonnes, enrichi de fleurons, rehaussé de volutes qui s'enlacent en courbes et contre-courbes.

Bien que le père Hesius ait exercé une influence sur l'architecture religieuse du temps, on peut lui préférer un baroque plus mesuré, moins claironnant : celui des Béguines de Bruxelles, par exemple, ou le style presque sage du Grand Béguinage de Malines, ou encore, toujours à Malines, l'élan si clair de Notre-Dame-d'Hanswijek, la plus belle œuvre de Lucas Faydherbe.

Restent les sculpteurs. Tous sont marqués par l'Italie. Les Duquesnoy sont les plus connus. Jérôme est le père d'un certain angelot de fontaine nommé Manneken-Pis (le premier fut détruit en 1794), mais François est considéré comme le plus grand sculpteur baroque flamand. Il s'inscrit complètement dans la ligne du Bernin, et sa célèbre statue de saint André portant sa croix — à Saint-Pierre de Rome — pourrait passer pour une œuvre du Cavalier ou pour l'un des saints décorant le pont Charles à Prague. Les autres — c'est-à-dire Faydherbe,

les Quellin, Verbruggen surtout — sont devenus les spécialistes de ces extraordinaires chaires baroques de la fin du XVIIe siècle, en chêne ou en acajou sculpté, surchargées de statuettes, de racines tourmentées, de guirlandes, comme à la collégiale Saints-Michel-et-Gudule de Bruxelles.

Les calvinistes des Provinces-Unies

Le destin du baroque religieux aux Pays-Bas fut différent dans les provinces du Nord (Zélande, Hollande, Gueldre, Frise, etc.). Un peu d'histoire n'est peut-être pas inutile. En 1555, Charles Quint, empereur d'Allemagne, roi d'Espagne, qui a hérité des Pays-Bas (il est né et a été élevé en Flandre), renonce aux couronnes espagnoles de Castille, d'Aragon, de Sicile et des Nouvelles Indes en faveur de son fils Philippe II. Ce nouveau roi d'une Espagne où l'Inquisition fait sentir son poids est difficile-

ment supporté par les calvinistes « hérétiques » des Pays-Bas. À la suite du compromis de Breda, trois cents nobles demandent au gouverneur, Marguerite de Parme, la convocation d'états généraux, afin de modifier les édits promulgués contre les protestants. Refus. Au mois d'août 1566, la révolte éclate. Les rebelles pillent les églises et cassent les statues ; d'où le nom de « révolte des iconoclastes ». L'Espagne envoie alors le terrible duc d'Albe contre les insurgés, dont le prince d'Orange, Guillaume le Taciturne, prend la tête. En 1581, les sept provinces du Nord se fédèrent sous le nom de république des Provinces-Unies, indépendante du royaume espagnol.

On conçoit qu'un baroque religieux lié à la Contre-Réforme et aux Jésuites (même s'il s'en démarque) ne trouve pas un terrain favorable à son développement chez les calvinistes des Provinces-Unies. D'autant que l'art de la Renaissance s'y est manifesté assez tard. Quand le baroque va enfin percer, il se révélera d'une sobriété tellement inhabituelle qu'on le confondra parfois avec le classique.

Que retenir du baroque religieux des Provinces-Unies, sinon qu'il existe à l'état d'ombre ? Peut-on vraiment considérer comme baroque la Zuiderkerk (« église du Sud ») d'Amsterdam ? Et Hendrick de Keyser est-il baroque parce qu'il bâtit la Nooderkerk (« église du Nord ») en forme de croix grecque et flanque d'une magnifique tour la Westerkerk (« église de l'Ouest »), où est enterré Rembrandt ? Suffit-il que la Nieuwekerk (« nouvelle église ») de Haarlem, la Nieuwekerk de La Haye et la Marekerk de Leyde soient construites, comme bien des églises protestantes, selon un plan central surmonté d'une coupole pour qu'on les compare à Saint-Charles-Borromée d'Anvers et qu'on les classe comme baroques ? La vérité est que le baroque néerlandais a la consistance d'un reflet.

Retenue britannique

De même en Angleterre. Le baroque y reste sagement d'importation et n'atteindra jamais l'ample mouvement d'une vague. Cependant, le courant italien va passer. Inigo Jones (1573-1652), peintre et architecte, est imprégné de Palladio. Il va fixer pour deux siècles l'architecture anglaise dans la formule palladienne : la tentation baroque l'a intéressé, sans plus, parmi la diversité des tendances. En outre, beaucoup de ses projets n'ont jamais vu le jour, engloutis dans la guerre civile.

Après le grand incendie de Londres (1666), la ville est reconstruite selon les plans de sir Christopher Wren (1632-1723). En une vingtaine d'années, celui-ci rebâtit plus des deux tiers des 87 églises détruites. Wren montre un certain éclectisme. Quelques-unes de ces églises sont surmontées d'une coupole ou d'un dôme, comme la cathédrale Saint Paul, où l'architecte reprend à une moindre échelle le plan primitif de Bramante pour Saint-Pierre de Rome (la

croix grecque), avec une façade à colonnes en étages qu'encadrent deux clochers surmontés de lanternons. D'autres églises, comme St. Mary le Bow (Bow Church), dans le quartier de Cheapside, présentent une nef à voûtement en berceau et à tribunes. À St. Stephen Walbrook, de longues colonnes corinthiennes soutiennent de leur blancheur un peu froide une suite d'arcs supportant eux-mêmes une sorte de large calotte ornée de moulures.

En définitive, le vaste courant baroque européen ne s'est manifesté que modérément en Grande-Bretagne, essentiellement entre 1692 et 1725, avec Nicholas Hawksmoor et sir John Vanbrugh.

Le premier participa à la construction de Saint Paul aux côtés de Wren et fut son adjoint direct pour St. Andrew by the Wardrobe. Associé à sir John pendant vingt-sept ans, il contribua à donner un petit air baroque discret à Oxford et à Cambridge, construisant aussi nombre d'églises dans la capitale. Non sans une certaine retenue dans l'imagination.

Pour l'Espagne, c'est le contraire.

Magnificence espagnole

En se déployant à travers la péninsule Ibérique — l'Espagne et le Portugal fortement catholiques —, l'art baroque religieux va apporter la même éblouissante fantaisie d'invention qu'en Europe centrale.

Au XVIIe siècle, l'Espagne n'est plus aussi puissante qu'au temps de Charles Quint, mais elle est toujours riche, de l'or et de l'argent rapportés d'Amérique par les conquistadores. C'est ce qui explique la présence, dans les églises, d'innombrables retables destinés à frapper les imaginations par la magnificence de leur décoration.

Certes, les retables existaient bien avant le baroque. Les Byzantins dressaient déjà des panneaux d'or fin repoussé en arrière des autels. Mais, sous l'impulsion baroque, le retable va prendre en Espagne un caractère particulier. Il apparaît comme une sorte d'église dans l'église, une véritable construction gravitant autour du tabernacle dans une accumulation de colonnes torses où s'enroulent les pampres, de niches, d'encorbellements somptueux, allant même, dans le cas des « transparents », jusqu'à s'orner de vitraux pour que l'autel ne soit pas écrasé d'ombre. Le *camarín* (« niche ») qui abrite les reliques ou la statue centrale devient lui-même une manière de chapelle décorée.

Au XVIIIe siècle, la plupart des grandes églises espagnoles possèdent leur retable baroque. Comme à la cathédrale de Tolède le *Transparente* du déambulatoire (à ne pas confondre avec le retable gothique derrière les grilles). Mariant marbre et bronze, le *Transparente* de Tolède passe, paraît-il, pour la « huitième Merveille du monde » et est l'œuvre la plus célèbre de Narciso Tomé. Dans un immense bouillonnement d'anges aériens, éclairés par des contrejours, plane une Cène mystérieusement arra-

▲
Sage manifestation du style baroque en Grande-Bretagne, la cathédrale Saint Paul dresse dans le ciel de Londres sa coupole, qui ressemble à celle de Saint-Pierre de Rome, et les lanternons de ses deux clochers.
Phot. J. Bottin

▶
L'architecte José de Churriguera marqua son époque d'une empreinte si forte que le baroque espagnol a reçu le nom d'« art churrigueresque ». (Salamanque, église du couvent de San Esteban, retable du maître-autel.)
Phot. Faillet-Ziolo

foisonnement du baroque

chée à la pesanteur de la matière au milieu des rayons d'or et des balancements d'encensoirs. C'est l'un des temps forts du style «churrigueresque», dont le nom rappelle une famille d'architectes d'origine catalane, le père et les frères Churriguera, qui marquèrent le baroque religieux de la fin du XVIIᵉ et du début du XVIIIᵉ siècle.

Il s'agit d'une évolution. Au XVᵉ siècle déjà, sous le règne d'Isabelle la Catholique, l'architecture espagnole couvrait volontiers ses portails d'écussons, de crénelures, de branches tressées. Au XVIᵉ siècle, la tendance est encore plus marquée : naît alors le style «plateresque», qui tire son nom de l'analogie qu'il présente avec la finesse d'un travail d'orfèvre, *plata* signifiant «argent». Dans le plateresque perce à l'évidence le baroque churrigueresque.

C'est donc par la décoration intérieure des églises que l'art religieux va s'affranchir, les Churriguera amplifiant au XVIIIᵉ siècle les trouvailles plateresques. Le plus connu des trois frères est José (1665-1723), qui réalisa le retable du couvent de San Esteban à Salamanque et plusieurs façades d'églises madrilènes. Les Churriguera s'épaulèrent mutuellement. À la mort de Joaquín, par exemple, Alberto reprit les plans de celui-ci, tant comme maître d'œuvre de la cathédrale de Salamanque que pour l'achèvement du retable de la cathédrale de Plasencia, près de Cáceres.

Dans le sillage des Churriguera s'engouffrèrent des maîtres comme Narciso Tomé, Pedro de Ribera, les frères García de Quiñones (Andrés est l'auteur du cloître et des retables de la Clerecía, l'ancien collège jésuite de Salamanque) : ils créèrent un style où l'enthousiasme du tempérament espagnol renforce l'influence d'un baroque italien à la Borromini, éperdu de détails et précurseur du rococo.

En Andalousie, une autre grande famille d'architectes, les Figueroa y Reina, développe au XVIIIᵉ siècle un baroque sévillan aussi dynamique que celui du Nord. Aidé de son fils aîné Matías José, Leonardo orne de statues le monumental portail à trois étages du séminaire de San Telmo (qui fut d'abord une école navale) et construit l'église San Luis pour le noviciat des jésuites de Séville. Un autre de ses fils, Ambrosio, travaille au couvent de la Merced, à Huelva, et donne un clocher baroque à l'église de Manzanilla. Antonio Matías, le petit-fils, sera le dernier de la «dynastie». À Écija, jolie ville chaude aux palais baroques, entre Séville et Cordoue dans la dépression du Guadalquivir, une pleine poignée de clochers décorés de céramique (notamment ceux de San Gil et de San Juan) passent pour les plus beaux de l'art sévillan : presque tous d'Antonio Matías, ils referment l'album de famille.

Les Figueroa — comme les Chirriguera — eurent bien entendu des émules. Dans la province de Grenade, Vicente Acero fait littéralement onduler la façade de la cathédrale de Guadix. À la chartreuse (Cartuja) de Grenade, Luis de Arévalo termine une sacristie meringuée de moulures, laissée inachevée par José de Bada, auteur de la façade de San Juan de Dios, l'une des plus belles églises d'une ville peu avare de beauté.

Certains historiens d'art classent à part Francisco Hurtado Izquierdo (1669-1725). Ils voient en lui une charnière.

Hurtado fut l'un des maîtres d'œuvre des cathédrales de Cordoue et de Grenade. Il orchestra une véritable symphonie de marbre pour le *Sancta Sanctorum* («saint des saints») de la chartreuse. Dans l'architecture gothique

▲ *Venu d'Italie à la fin du XVIIᵉ siècle, le style baroque, avec sa richesse et son exubérance, ne pouvait manquer de séduire les Espagnols. (Détail du Transparente de la cathédrale de Tolède, sorte de retable monumental atteignant les dimensions d'une chapelle.)*
Phot. Babey-Ziolo

▲ *Transformée en cathédrale, l'ancienne mosquée de Cordoue perd son minaret au profit d'un clocher : commencé au XVIᵉ siècle dans un style Renaissance assez austère, celui-ci fut couronné, au XVIIᵉ siècle, d'un lanternon baroquisant.*
Phot. Dupont-Explorer

▲
*Typiquement churrigueresque, l'église de la chartreuse
de Grenade est décorée d'une profusion de stucs
rehaussés d'ors et de tableaux brillamment colorés.*
Phot. Tétrel-Explorer

de la petite chapelle de San José, où les cierges font briller les ors sous le regard de bois des statues bleutées, en extase au milieu des vols d'anges parmi les moulures ?

Mais on ne saurait négliger, dans le Nord, ni Valladolid ni Saint-Jacques-de-Compostelle. Ni Valence ni la région d'Alicante et de Murcie, dans le Sud.

La cathédrale « inachevée » de Valladolid, par exemple, a la réputation d'être l'un des monuments les plus importants de l'art de la Contre-Réforme en Espagne. Sa façade commence dans la sagesse un peu figée de Juan de Herrera pour se terminer dans les grâces d'Alberto Churriguera dès qu'on débouche sur l'étage supérieur. À Valladolid également, l'université a conservé une façade du XVIIe siècle où Narciso Tomé donne à la pierre des allures de madrépore.

La cathédrale de Saint-Jacques-de-Compostelle est complètement différente. Le célèbre portique de la Gloire de l'ancienne basilique

de la chartreuse del Paular (entre Ségovie et Madrid), il fit brutalement éclater la débordante volubilité d'un *sagrario* baroque, cette chapelle derrière le maître-autel toute de marbre rose, de torsades gris-vert à reflets d'opaline parmi les anges dorés. Bref, il imagina, peut-être encore plus abondamment que ses confrères, d'ambitieuses géométries, des jeux vertigineux pour ces sacristies andalouses, pour ces chapelles en forme de reliquaires précieux. Cette virtuosité, d'un homme qui appartint à Cordoue corps et âme, montre quels rapports profonds lient le baroque de l'Espagne du Sud et le génie musulman, pourtant si différent. Il est alors intéressant d'annoncer l'influence que le style de Hurtado Izquierdo va exercer sur le baroque « colonial » du Mexique.

Tels sont les centres majeurs du baroque religieux espagnol, déraisonnable et magnifique. Dans le Nord, Salamanque, Madrid, Saragosse pour Notre-Dame-du-Pilier (Nuestra Señora del Pilar), dont les coupoles multiples, couvertes de tuiles polychromes sous les lanternons, dessinent autour du dôme une savante architecture tout ensemble ronde et pointue ; Tolède pour le *Transparente*. Dans le Sud, Grenade, Cordoue, Séville surtout. À Séville, comment oublier l'autel du Divino Salvador, droit sorti d'un manège forain d'autrefois avec ses angelots de limonaire et ses tubes à musique ? Et l'intérieur

▲
Espagne : l'aspect théâtral du baroque se manifeste jusque dans les plus humbles témoignages de ferveur populaire. (Séville, niche votive garnie d'azulejos.)
Phot. Claquin-Explorer

▲
Espagne : plaquée sur le mur extérieur de la mosquée-cathédrale de Cordoue et protégée par une grille solide, la Vierge aux Lanternes, qui doit son nom à son éclairage nocturne, est très vénérée par les Cordouans.
Phot. Dupont-Explorer

sous une étrange prolifération de stucs et de moulures churrigueresques.

Au pied du château d'Alicante, il faut faire un effort pour imaginer une ancienne mosquée derrière la façade baroque de Santa María, dont le sanctuaire disparaît sous les rocailles, comme la chapelle presque rococo de l'*Ayuntamiento* (« mairie »). Et dans la ville voisine d'Elche (surnommée la « Jérusalem espagnole »), on est surpris de découvrir derrière le portail caractéristique de Santa María une monumentale basilique conçue comme un théâtre pour la représentation musicale du *Misterio de Elche*, très ancien drame lyrique en l'honneur de la Vierge.

Enfin Murcie. Sa cathédrale est quasi exemplaire d'un baroque brillant. Mais Murcie mérite une place à part, parce qu'elle est la patrie du dernier de ces grands sculpteurs de statues polychromes, Francesco Salzillo y Alcarez (1707-1783), à qui l'on attribue près de 2 000 œuvres, en majorité des *pasos* de semaine sainte et des personnages de crèches.

Certes, les *pasos* sont de vieille tradition : Christ sanglant sous des habits de roi, Enfant

▲

Espagne : au milieu du XVIIIe siècle, la vieille cathédrale romane de Saint-Jacques-de-Compostelle fut dotée d'une nouvelle façade churrigueresque, tellement riche qu'elle fut baptisée Obradoiro (« Ouvrage d'or »).
Phot. J. Bottin

▶

Suivant de près les conquistadores, les ordres missionnaires couvrirent l'Amérique latine d'édifices religieux où les styles venus des lointains pays d'Europe s'imprégnèrent d'inspirations d'origine locale. (Brésil, couvent de São Francisco, Olinda.)
Phot. Boutin-Explorer

romane (dont le pilier central est usé par les doigts des pèlerins) semble enchâssé dans une magnifique envolée baroque, qui s'enfuit vers le ciel en apothéose. Avec ses deux tours en retrait dans leurs gerbes de lignes ascendantes, la célèbre façade dite « de l'Obradoiro » (1750) est le chef-d'œuvre de Fernando Casas y Novoa, l'un des meilleurs architectes espagnols du XVIIIe siècle. L'Obradoiro n'est d'ailleurs pas le seul témoignage baroque de Saint-Jacques-de-

Compostelle : les monastères de San Francisco et de San Martín Pinario, la façade du couvent de Santa Clara tiennent aussi leur place...

L'horizon des toits de Valence se gonfle de coupoles d'églises dont la céramique vernissée luit au soleil. Ainsi la chapelle de Notre-Dame-des-Désespérés (Nuestra Señora de los Desamparados), patronne vénérée des Valenciens. Près du marché, la grande nef gothique de San Juan del Mercado s'est mise un jour à fleurir

▲

Espagne : alliant le réalisme des visages polychromes à la somptuosité des vêtements dorés et des bijoux surajoutés, les sculptures baroques ont créé un art religieux pittoresque. (Vierge de la cathédrale de Séville.)
Phot. S. Marmounier

sobriété du crépi blanc des murs d'église contraste joliment avec les complications architecturales des façades et le granit des corniches.

À Braga, capitale de la province du Minho et centre religieux aux traditions aussi anciennes que solides, dom Gaspar de Bragance et dom Rodrigo de Moura Teles font de la cité le noyau de l'architecture baroque au XVIIIe siècle. Boiseries de la cathédrale (Sé), retable de Santa Catherina, où les anges s'ébattent parmi les grappes de raisin (Porto n'est pas loin), chaire de Notre-Dame de Penha de França, église

Jésus, Vierge douloureuse, décollation de saint Jean-Baptiste, baiser de Judas, stations du chemin de croix, portés à bout de bras dans les processions, n'ont pas attendu la fièvre baroque pour émouvoir par leur réalisme mystique. Il n'empêche que le public ressent instinctivement cette imagerie puissamment évocatrice comme une manifestation de baroquisme conforme aux incitations de la Contre-Réforme...

Au Portugal aussi...

Au Portugal, le développement du baroque correspond au soulèvement contre les Espagnols et au retour à l'indépendance (1640).

Après s'être d'abord enveloppée de simplicité dans le style officiel de João Nunes Tinoco, l'architecture religieuse, dès la fin du XVIIe siècle, tourne le dos à une austérité héritée des « herrerianos » espagnols pour se lancer à son tour dans le jeu des courbes, des guirlandes et des angelots rieurs. Elle va utiliser les crèches d'art populaire aux grandes figurines en terre cuite. Dans les chapelles, les cloîtres, les couvents, elle multipliera les grands panneaux décoratifs d'*azulejos*, ces belles faïences bleues où les Portugais sont passés maîtres. Et la

▲
Corniches et pilastres en granit gris, tranchant sur la blancheur des murs chaulés, caractérisent le baroque portugais. (Sanctuaire du Bom Jesus do Monte, près de Braga.)
Phot. S. Marmounier

▲
Déjà plein de vitalité en Espagne, le style churrigueresque gagna encore en exubérance après avoir traversé l'Atlantique. (Mexique, église Santa Prisca de Taxco.)
Phot. Serraillier-Rapho

foisonnement du baroque

Sainte-Croix (Santa Cruz), etc. Ce ne sont que broutilles auprès du sanctuaire du Bom Jesus do Monte, au sommet de l'interminable escalier double qui s'ouvre et se ferme sur les pentes raides de la colline (Via sacra), au milieu de statues en pierre dentelée, de pyramides, de chapelles, de cônes, de fontaines allégoriques, jusqu'à l'esplanade où attendent les marchands de médailles. Il n'est pas rare de rencontrer au Bom Jesus quelques vieilles voilées de noir, se hissant à genoux sur les marches jusqu'au sanctuaire.

L'autre pôle du baroque religieux portugais est le palais-monastère de Mafra, au nord-ouest de Lisbonne. Sans enfant après trois ans de mariage, le roi Jean V avait promis d'édifier un monastère s'il lui venait une descendance. Il eut une fille et fit construire un gigantesque couvent-palais qui devint ensuite le centre d'un mouvement de sculpture, l'école de Mafra. Entre ses tours massives, Mafra paraît glacé dans ses marbres somptueux, et il est visible que l'architecte allemand Frederic Ludwig — dit Ludovice —, formé à l'école italienne, s'inspira à la fois de l'Escorial et des bâtiments colossaux des abbayes danubiennes. Desservies par un labyrinthe de couloirs, les innombrables salles de Mafra alignent 2 400 fenêtres, soit 400 de plus que l'abbaye bénédictine de Melk, en Basse-Autriche.

La façade à niches étagées de l'ancien séminaire jésuite de Santarém, l'éblouissement intérieur de l'ancien couvent d'Aveiro (transformé en musée), où l'exubérance du chœur de l'église laisse pressentir le « baroque colonial », la façade (récemment couronnée d'un dôme) de l'église Santa Engràcia, qui abrite à Lisbonne les monuments funéraires de grands Portugais, et la majorité des églises de Porto (notamment la célèbre tour à six étages des Clérigos, dressée comme un monumental cierge de procession au-dessus des tuiles rouges) achèvent le résumé du baroque religieux portugais.

Le baroque colonial

En franchissant l'Atlantique vers les colonies espagnoles et le Brésil portugais, le baroque ibérique se modifie, change profondément de caractère. Il évolue vers un style que l'on

▲
Mexique : une véritable frénésie décorative s'empara des bâtisseurs, qui traquèrent le moindre espace vide pour y placer une sculpture ou un motif ornemental. (Détail de la façade de la cathédrale de Zacatecas.)
Phot. Courau-Explorer

nomme « baroque colonial », lui-même différent selon les régions et les époques, mais conservant un certain nombre de constantes : la façade encadrée par deux tours et la coupole assise sur la croisée du transept, un peu dans la manière des *cimborrios*, ces tours-lanternes très ouvragées qui surmontent certaines églises romanes espagnoles.

Les architectes et les maîtres d'œuvre du Nouveau Monde viennent d'Espagne — surtout d'Andalousie —, mais aussi d'Italie, d'Allemagne ou de Flandre, en raison de l'internationalisme des ordres missionnaires. Si bien que le baroque religieux de l'Amérique latine n'est pas uniquement d'inspiration espagnole. Ce n'est pas une simple transposition de l'architecture ibérique en terre coloniale et, à la fin du XVIIIᵉ siècle, on y retrouve même des échos du rococo germano-danubien. En outre, il y a les apports locaux. Les conquérants débarquaient sur des terres de vieille tradition, et l'art des artisans autochtones a exercé sur le baroque une influence que l'on perçoit avec netteté dans l'ornementation et le décor.

Les historiens d'art distinguent en général deux phases dans le développement du

foisonnement du baroque

baroque colonial. On construit d'abord sur le modèle européen, sans trop s'écarter des plans demandés à la métropole. Puis les Indiens baptisés et les métis sortent enfin des travaux rudimentaires où la conquête les avait confinés, et la décoration puise son inspiration dans les vieux thèmes des civilisations détruites. Parfois, les deux phases coïncident.

Le foisonnement des églises en Nouvelle-Espagne (l'actuel Mexique), au Guatemala (qui englobait alors toute l'Amérique centrale de la civilisation maya), en Nouvelle-Grenade (Colombie, Équateur), au Pérou, au Brésil, etc., rend impossible tout inventaire. Force est de s'en tenir à l'indispensable.

On s'accorde, par exemple, à reconnaître dans le portail central de l'église de la Compagnie-de-Jésus d'Arequipa (Pérou) la première œuvre (1698) où « la tradition indigène réveillée l'emporte sur l'espagnole » : sous leurs chapiteaux ronds, les colonnes évoquent discrètement les anciennes statues stylisées.

Rien n'est simple. Faut-il voir, dans les retables ouvragés jusqu'au délire de l'église San Marín de Tepotzotlán (Mexique), une opulence végétale rappelant le fouillis des forêts tropicales ou bien une manifestation de l'art churrigueresque poussé à l'extrême ? Comment faire le partage ? Les anges dorés du sanctuaire d'Ocotlán (Mexique), sous les coupoles d'or du *camarín*, montrent qu'on n'hésite pas à étaler des richesses ostentatoires dans des territoires où le précieux métal n'est pas rare, mais les retables des églises espagnoles n'ont-ils pas donné l'exemple ?

▲

Mexique : interprété par les artistes indiens, le style baroque dit « colonial » acquit un caractère exotique en alliant la surabondance à une certaine naïveté et à des symboles païens. (San Cristóbal de las Casas, église Santo Domingo.)
Phot. Thomas-Explorer

▲

Mexique : afin de les rendre aussi réalistes que possible, les statues polychromes furent coiffées de vrais cheveux et habillées de vêtements de tissu, toujours somptueux. (Tepotzotlán.)
Phot. S. Held

▶

Pérou : à plus de 4 000 m d'altitude, dans les parages du lac Titicaca, l'air pur et raréfié des Andes a conservé leur fraîcheur aux façades de pierre des églises d'adobe dont les jésuites parsemèrent jadis l'Altiplano. (Ossilio, près de Puno.)
Phot. Dejouy-Explorer

Des églises comme la Compañia de Quito (Équateur) suivent, en apparence, la tradition romaine. Le plan général est respecté, mais le ton surprend. Les colonnes de la façade, par exemple, sont torses, comme celles qui soutiennent le baldaquin du Bernin. Quant à la coupole, elle est envahie de martyrs, de prophètes, d'anges dorés et bleus qui donnent au saint lieu une mystérieuse ambiance de voûte céleste d'azur et d'or en forme de grotte.

Ce genre de décor va bientôt remplir l'intérieur des églises mexicaines. Les jeux de lumière qui s'harmonisent sous la somptueuse coupole de la chapelle d'El Pocito, à Guadalupe, le riche retable de Los Reyes à la cathédrale de Mexico, ainsi que les ciels dorés des voûtes de San Cristóbal ou du Rosario de Santo Domingo, à Puebla, sont typiques du baroque de la Nouvelle-Espagne. Et ce n'est pas sans raison que l'on nomme « chapelle Sixtine du

Mexique » la coupole follement décorée, grouillante de visages, de Santa Maria Tonantzintla aux environs de Puebla.

En Bolivie triomphe le baroque andin. Avec un peu de lourdeur, c'est une synthèse de l'art churrigueresque et de l'imagination créatrice des Indiens, habiles à transformer en tapis de sculpture les motifs inspirés par la tradition locale. Les exemples les plus remarquables de cet art andin sont la façade de l'église San

▲

Bolivie : des cheveux naturels confèrent à ce Christ ruisselant de sang une véracité troublante. (Église de Tiahuanaco.)
Phot. C. Lénars

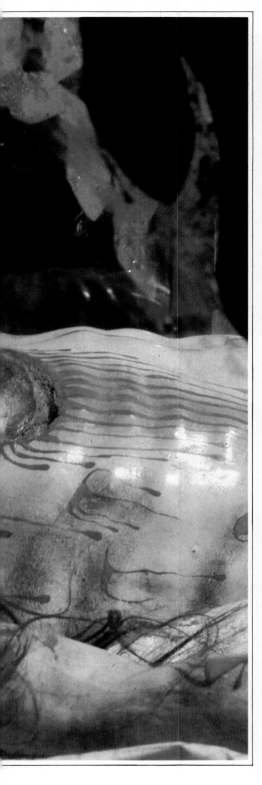

Francisco à La Paz, celle de Santa Monica à Sucre et le porche de San Lorenzo, qu'une luxuriante décoration florale semble envahir de partout. Au Pérou, la grave cathédrale de Lima, et, en Colombie, l'église San Francisco de Popáyan, avec ses jolies colonnes, ses tours-campaniles et son lutrin si abondamment sculpté, sont le symbole des réussites obtenues quand on transposait librement les modes venues d'Europe.

▲
Mexique : initialement destinés à ramener dans le giron de l'Église des Européens séduits par la Réforme, les fastes du baroque éblouirent les Indiens et contribuèrent à en faire de fervents catholiques. (Oaxaca, église Santo Domingo.)
Phot. Gerster-Rapho

Et puis il y a le Brésil.

Il occupe une place à part dans le baroque colonial. Au rythme endiablé des *cariocas*, l'imagination va déborder sous la pression d'une telle fantaisie que l'on pourra apparenter l'art baroque brésilien au rococo. Bien que les liens avec le Portugal soient étroits, cet art ne prend son essor qu'à la fin du XVIIe siècle, et il ne s'épanouit vraiment qu'au milieu du XVIIIe, dans une société restée assez populaire et aussi profondément religieuse que celle de la mère patrie. Ici, les arcs et les frontons vont se briser, les ovales se combiner et les colonnes virevolter sur elles-mêmes. À l'intérieur des églises, les sculptures sur bois exubérantes jusqu'à l'abstraction (les *talhas*) vont tout envahir. Ce qui n'empêche pas l'ensemble — c'est le miracle du baroque brésilien — de rester simple.

Il y a des centaines de monuments religieux. Les plus célèbres sont la Capela Dourada (chapelle dorée) de Recife, les plafonds de la cathédrale et du Carmel de Salvador, le sanctuaire de Senhor Bom Jesus de Matozinhos, à l'image de celui de Braga, et surtout l'église São Francisco de Asis à Ouro Preto, œuvre inoubliable de l'« Aleijadinho » (« Petit Estropié »), un mulâtre infirme, rongé par la lèpre, et le plus célèbre des artistes brésiliens. De son vrai nom António Francisco Lisboa (1730-1814), il sculptait en rampant sur ses genoux matelassés de cuir, ciseau et marteau attachés à ses moignons : il a couvert le Minas Gerais, troisième État du Brésil, de ses œuvres, à mi-chemin entre Dürer et le Greco. Il incarne l'apothéose d'un art baroque religieux qui, derrière lui — comme s'il avait tout dit —, s'éteindra ■   Pierre MACAIGNE

foisonnement du baroque

38

▲
Brésil : saint Sébastien en bois polychrome de facture indienne. (Église Nossa Senhora da Conceição, à Sabará, près de Belo Horizonte.)
Phot. S. Marmounier

▲ *Brésil : construit par un architecte portugais, F. de Lima, le sanctuaire de Senhor Bom Jesus dos Matozinhos, à Congonhas do Campo, est entouré de statues exécutées par un artiste local de génie, Francisco Lisboa, dit «l'Aleijadinho».*
Phot. S. Marmounier

▶ *Brésil : infirme et ravagé par la maladie, l'Aleijadinho a éparpillé dans l'État du Minas Gerais de nombreux témoignages de son talent exubérant. (Façade de Nossa Senhora do Carmo, à Ouro Prêto.)*
Phot. Boutin-Explorer

foisonnement du baroque